AUTORES:

JOSÉ MARÍA CAÑIZARES MÁRQUEZ
CARMEN CARBONERO CELIS

COLECCIÓN OPOSICIONES MAGISTERIO: EDUCACIÓN FÍSICA

DESARROLLO DE LAS CAPACIDADES FÍSICAS BÁSICAS EN LA EDAD ESCOLAR: FACTORES ENTRENABLES Y NO ENTRENABLES. LA ADAPTACIÓN AL ESFUERZO EN NIÑOS Y NIÑAS. (VOLUMEN 17)

WANCEULEN
Editorial Deportiva

COLECCIÓN OPOSICIONES MAGISTERIO: EDUCACIÓN FÍSICA

VOLUMEN 17.

DESARROLLO DE LAS CAPACIDADES FÍSICAS BÁSICAS EN LA EDAD ESCOLAR. FACTORES ENTRENABLES Y NO ENTRENABLES. LA ADAPTACIÓN AL ESFUERZO EN NIÑOS Y NIÑAS.

AUTORES

José Mª Cañizares Márquez

- Catedrático de Educación Física
- Tutor del Módulo del Practicum del Master de Secundaria
- Especialista en preparación de opositores
- Autor de numerosas obras sobre Educación y Preparación Física

Carmen Carbonero Celis

- D. E. A. en Instituciones Educativas
- Licenciada en Pedagogía
- Maestra de Primaria y Secundaria en centros de Educación Compensatoria
- Didacta presencial del Módulo de Pedagogía General en el CAP
- Profesora de Pedagogía Terapéutica en Centro Educación Primaria

Título: DESARROLLO DE LAS CAPACIDADES FÍSICAS BÁSICAS EN LA EDAD ESCOLAR. FACTORES ENTRENABLES Y NO ENTRENABLES. LA ADAPTACIÓN AL ESFUERZO EN NIÑOS Y NIÑAS.

Autores: José Mª Cañizares Márquez y Carmen Carbonero Celis
Editorial: WANCEULEN EDITORIAL DEPORTIVA, S.L.

C/ Cristo del Desamparo y Abandono, 56   41006 SEVILLA

Dirección web: www.wanceulen.com

I.S.B.N.: 978-84-9993-488-4

Dep. Legal:

© **Copyright:** WANCEULEN EDITORIAL DEPORTIVA, S.L.

Primera Edición: Año 2016

Impreso en España:

Reservados todos los derechos. Queda prohibido reproducir, almacenar en sistemas de recuperación de la información y transmitir parte alguna de esta publicación, cualquiera que sea el medio empleado (electrónico, mecánico, fotocopia, impresión, grabación, etc), sin el permiso de los titulares de los derechos de propiedad intelectual. Cualquier forma de reproducción, distribución, comunicación pública o transformación de esta obra solo puede ser realizada con la autorización de sus titulares, salvo excepción prevista por la ley. Diríjase a CEDRO (Centro Español de Derechos Reprográficos, www.cedro.org) si necesita fotocopiar o escanear algún fragmento de esta obra.

ÍNDICE

Presentación de la Colección.

Introducción

1. ASPECTOS COMUNES A TENER EN CUENTA EN EL EXAMEN ESCRITO.

    1.1. Criterios de corrección y evaluación que siguen los tribunales.
    1.2. Consejos sobre cómo estudiar los temas. Estrategias.
    1.3. Recomendaciones para la realización del examen escrito. Estrategias.
    1.4. Modelo estandarizado de presentación de examen escrito.
    1.5. Partes estándares a todos los temas.

2. DESARROLLO DE LAS CAPACIDADES FÍSICAS BÁSICAS EN LA EDAD ESCOLAR. FACTORES ENTRENABLES Y NO ENTRENABLES. LA ADAPTACIÓN AL ESFUERZO EN NIÑOS Y NIÑAS.

COLECCIÓN OPOSICIONES DE MAGISTERIO. ESPECIALIDAD DE EDUCACIÓN FÍSICA

PRESENTACIÓN DE LA COLECCIÓN

Los autores, con muchos años de experiencia en la preparación de oposiciones, hemos plasmado en esta Colección multitud de argumentos y detalles con la finalidad de que cada persona interesada en acceder a la función pública conozca minuciosamente todos los pormenores de la preparación.

La Colección está compuesta por una treintena de volúmenes, de los que veinticinco están dedicados a otros tantos capítulos del temario, y los cinco restantes a cómo hacer y exponer oralmente la programación didáctica y las UU. DD., así como a resolver el examen práctico escrito.

Los destinados a los temas llevan incorporados unos aspectos comunes previos sobre cómo hay que estudiarlos y consejos acerca de cómo realizar el ejercicio escrito.

Los aplicados al examen oral: defensa de la programación y exposición de las U.D.I., también llevan un capítulo referente a cómo es mejor hacer la expresión verbal, el mensaje expresivo, el esquema en la pizarra, etc.

Es decir, los autores no nos hemos ceñido a publicar un temario para las dos pruebas escritas (tema y casos prácticos) y las dos orales (programación y unidades). Hemos querido hacer partícipe de las técnicas que hemos seguido estos años y que tan buen resultado nos han dado, sobre todo a quienes sacaron plaza merced a su propio esfuerzo. No obstante, debemos destacar un aspecto capital: ratio del tribunal, es decir, ¿con cuántos opositores me tengo que "pelear" para conseguir la plaza?

Ya podemos ir perfectamente preparados, que si un tribunal tiene dos plazas para dar y hay diez opositores con un diez... la suerte de tener una décima más o menos en la fase de concurso nos dará o quitará la plaza.

Por otro lado, es conocido que desde hace año en España tenemos diecisiete "leyes de educación", es decir, una por autonomía, además de la que es común para todos y que, como las autonómicas, depende del partido político que gobierne en ese momento. No podemos obviar que la Educación y todo lo que le rodea -incluidos opositores- es un aspecto más de la política, si bien entendemos debería ser justo lo contrario. La formación de nuestros hijos no debe estar en función de unas siglas de unos partidos políticos, porque cuando uno consigue el poder, elimina por sistema lo hecho por el anterior, esté mejor o peor. Ejemplos, por desgracia, hay muchos desde la LOGSE/1990. Así pues, abogamos por un Pacto Educativo que incluya, lógicamente, a opositores y al Sistema de Acceso a la Docencia.

Esto trae consigo que, forzosamente, debamos basarnos en una línea de elementos legislativos. En nuestro caso, además de la nacional, nos remitimos a la de Andalucía. Por ello, las personas opositoras que nos lean deberán adecuar las citas legislativas autonómicas que hagamos a las de la comunidad/es donde acuda a presentarse a las oposiciones docentes.

Para cualquier información corta, los autores estamos a disposición de las personas lectoras en:
oposicionedfisica@gmail.com

INTRODUCCIÓN

Este volumen tiene dos partes claramente diferenciadas:

a) Por un lado tratamos diversos aspectos comunes a todos los temas escritos. Es decir, nos centramos en cómo hay que estudiarlos a partir de los propios criterios de valoración del examen que indica la Consejería de Educación de la Junta de Andalucía, y que suelen ser similares a los de otras autonomías. También incluimos los criterios de otras comunidades, pero no de todas porque se nos haría interminable.

Esta parte también incluye una serie de consejos acerca de cómo estudiar los temas, cuestión que no es baladí porque el opositor está muy limitado por el tiempo disponible para realizarlo.

Esto nos lleva a siguiente punto, el "perfil" de cada opositor, su capacidad grafomotriz muy a tener en cuenta para que en el tiempo dado seamos capaces de tratar el tema elegido con una estructura adecuada a los criterios de evaluación que el tribunal va a usar en la corrección.

Es muy corriente el comentario de "mientras más sepas, más nota sacas y más posibilidades de obtener plaza tienes". Esto trae consigo, en muchas ocasiones, que el opositor se encuentre con "montañas de papeles" sin estructurar, sin saber si un documento reitera lo de otro, sin dominar la capacidad de síntesis ante tanto volumen de definiciones, clasificaciones, teorías, opiniones, etc.

La realidad es muy distinta. El opositor debe llevar preparado al menos veinticuatro documentos (para tener el 100% de que le va a salir en el sorteo un tema estudiado concienzudamente), con la información muy exacta de lo que le da tiempo a escribir correctamente desde todos los puntos: científico, legislativo, autores, estructura del propio examen, sintaxis, ortografía, etc.

Muchas veces nos han preguntado por el conocimiento de los tribunales, si están al día, etc. Nuestra respuesta ha sido siempre la misma: "sabrán más o menos de cada uno de los veinticinco temas, lo leerán con más o menos detenimiento, pero seguro que lo que más saben es corregir escritos porque lo hacen a diario en sus aulas, de ahí que debamos prestar la máxima atención a estos aspectos formales". Para ello añadimos al final una hoja-tipo.

Completamos este primer capítulo con una tabla de planificación semanal que debemos hacer desde un principio para "obligarnos" y seguirla con disciplina espartana, si de verdad queremos tener éxito.

b) Por otro, el Tema 17 totalmente actualizado a fecha de hoy. La persona opositora debe, una vez conozca el volumen de contenidos que es capaz de escribir, hacer un resumen equitativo de cada punto y "cuadrarlo" a su capacidad grafomotriz. A partir de aquí, a estudiarlo... pero escribiéndolo ya que la nota nos la van a poner por lo que escribamos y cómo expresemos esos contenidos. Pero, si en la comunidad donde nos examinemos, el escrito hay que leerlo al tribunal, de nuevo lo haremos, cuanto antes mejor, para ensayar la lectura y que determinadas palabras no se nos "atraganten".

CRITERIOS DE CORRECCIÓN Y EVALUACIÓN QUE SIGUEN LOS TRIBUNALES

Consideramos imprescindible saber **previamente** cómo nos va a evaluar el Tribunal para realizar el examen con respecto a los ítem que va a tener en cuenta. Aportamos varios **modelos** que han transcendido y que, básicamente, se diferencian en la **formulación** de las consideraciones y en su valoración, no en el **fondo**.

CRITERIOS DE EVALUACIÓN EN ANDALUCÍA.

La Consejería de Educación de la Junta de Andalucía informa a los sindicatos, en mayo de 2007, sobre un "borrador" de criterios de evaluación para el "Concurso Oposición al Cuerpo de Maestros 2007". Posteriormente, como pudimos comprobar esa convocatoria y las siguientes, estos criterios se hicieron "firmes".

Transcribimos literalmente los cinco puntos a considerar sobre el tema escrito:

CRITERIOS GENERALES TEMA ESCRITO

Estructura del tema.

a) Presenta un índice.
b) Justifica la importancia del tema.
c) Hace una introducción del mismo.
d) Expone sus repercusiones en el currículum y en el sistema educativo.
e) Elabora una conclusión acorde con el planteamiento del tema.

Contenidos específicos.

a) Adapta los contenidos al tema.
b) Secuencia de manera lógica y clara sus apartados.
c) Argumenta los contenidos.
d) Profundiza en los mismos.
e) Hace referencia al contexto escolar.

Expresión.

a) Muestra fluidez en la redacción.
b) Hace un uso correcto del lenguaje, con una buena construcción semántica.
c) Emplea de forma adecuada el lenguaje técnico.

Presentación.

a) Presenta el escrito con limpieza y claridad.
b) Utiliza un formato adecuado teniendo en cuenta el apartado 4 del artículo 7.4.1. de la Orden de 24 de marzo de 2007, BOJA nº 60 del 26/03/2007.
Nota: Se refiere a aspectos formales tales como no firmar el examen, entregarlo en un sobre con etiquetas, etc.

Bibliografía/Documentación.

a) Fundamenta los contenidos con autores o bibliografía.
b) Sitúa el tema en el marco legislativo pertinente.

La Consejería de Educación de la Junta de Andalucía informa a los sindicatos, en **junio de 2015**, sobre los criterios de evaluación para el "Concurso Oposición al Cuerpo de Maestros 2015". Transcribimos literalmente los cuatro puntos a considerar sobre el tema escrito:

CRITERIOS GENERALES A TENER EN CUENTA EN LA CORRECCIÓN DEL TEMA ESCRITO (JUNIO 2015).

1. Estructura del tema.

a) Secuencia de manera lógica y clara cada uno de los apartados del tema
b) Expone con claridad

2. Contenidos.

a) Argumenta y justifica científicamente los contenidos
b) Conoce y tarta con profundidad el tema
c) Realiza una transposición didáctica de la teoría expuesta a la práctica
d) Fundamenta los contenidos con autores y bibliografía que realmente hagan referencia al contenido en cuestión, así como a la normativa vigente

3. Expresión.

a) Redacta con fluidez
b) Usa correctamente el lenguaje y presenta una adecuada construcción sintáctica
c) Usa con propiedad el lenguaje técnico específico de la especialidad
d) No se aprecian divagaciones, reiteraciones, etc.

4. Presentación.

a) El ejercicio es legible: no hay que estar deduciendo qué quiere decir ni traduciendo el texto
b) Se observa limpieza y claridad en el ejercicio
c) Usa un formato adecuado

CRITERIOS GENERALES A TENER EN CUENTA EN LA CORRECCIÓN DEL TEMA ESCRITO
(Comunidad de Castilla-La Mancha)

Los criterios de evaluación del tema escrito (Comunidad de Castilla-La Mancha), que tuvieron los tribunales en cuenta en la convocatoria de 2007 y que fueron establecidos por la Comisión de Selección de la Especialidad de Educación Física, son:

CRITERIOS PARA EVALUAR EL TEMA ESCRITO. PARTE "A"	Puntuación
1.- Introducción, justificación, índice y mapa conceptual.	(MÁXIMO 1,5 puntos)
2.- Contenidos específicos	
2.1.- Trata todos los epígrafes del tema. 2.2.- Adecuación de los contenidos al tema. Los contenidos se ajustan al tema. 2.3.- Profundización de los mismos. 2.4.- Organización lógica y clara en cada punto. Atendiendo al índice. 2.5.- Argumentación de los contenidos. 2.6.- Referencia al contexto escolar. 2.7.- Relaciona con otros temas del currículum. 2.8.- Originalidad y creatividad en el tema.	(MÁXIMO 6,5 puntos)
3.- Bibliografía	
3.1.- Bibliografía específica del tema. Cita autores y hace referencias bibliográficas. 3.2.- Aspectos legislativos. Hace referencia a la legislación nacional y autonómica.	(MÁXIMO 0,75 puntos)
4.- Conclusión y valoración personal	(MÁXIMO 0,75 puntos)
5.- Aspectos formales. Presentación, estructura, organización, uso de vocabulario técnico.	(MÁXIMO 0,5 puntos)
6.- Errores	
a. Divagaciones b. Faltas de ortografía c. Errores garrafales	SE VALORARÁ NEGATIVAMENTE POR PARTE DEL TRIBUNAL
Total	10 Puntos.

OTROS CRITERIOS GENERALES A TENER EN CUENTA EN LA CORRECCIÓN DEL TEMA ESCRITO

Otros tribunales siguieron unos criterios de evaluación del examen escrito como los que ahora reflejamos:

		CRITERIOS PARA EVALUAR EL TEMA ESCRITO	
1		Introducción, índice y mapa conceptual	Máximo 1 punto
2		Nivel de contenidos	Máximo 5 puntos
	2.1.	Trata todos los epígrafes del tema	
	2.2.	Los contenidos se ajustan al temario	
	2.3.	Relaciona con otros temas del curriculum	
	2.4.	Hace referencia a la legislación nacional y autonómica	
	2.5.	Cita autores y/o referencias bibliográficas	
3		Aspectos formales: presentación, estructura, organización, vocabulario y ortografía	Máximo 3 puntos
4		Conclusión, valoración personal y bibliografía	Máximo 1 punto

Esta tabla tuvo su origen en la Convocatoria de Castilla La Mancha hace unos años. Sus criterios siguen vigentes.

Cuadro resumen de los Criterios de Evaluación	Temas A
1.- Contenidos específicos a. Adecuación de los contenidos al tema. b. Profundización de los mismos. c. Organización lógica y clara en cada punto (Índice). d. Argumentación de los contenidos. e. Referencia al contexto escolar. f. Originalidad y creatividad en el tema.	2,75 puntos
2.- Introducción y conclusión a. Justificación de la importancia del tema. b. Repercusiones en nuestra área y en el Sistema Educativo. c. Buena introducción del tema. d. Conclusión.	0,5 puntos
3.- Expresión a. Fluidez del discurso. b. Buena redacción, sin errores sintácticos, redundancias... c. Uso del lenguaje técnico.	1 puntos
4.- Presentación a. Limpieza y claridad. b. Formato con variedad de recursos (gráficos, sangrías, diferenciación entre títulos, subtítulos, contenidos, esquema, etc.)	0,5 puntos
5.-Bibliografía a. Bibliografía específica del tema. b. Aspectos legislativos.	0,25 puntos
Penalizaciones a. Divagaciones b. Faltas de ortografía c. Errores garrafales	A restar según criterio del propio tribunal
Totales	5 Ptos.

En **2013**, la Convocatoria de Primaria en **Castilla-La Mancha** incluían estos **criterios**:

PARTE 1B DESARROLLO DE UN TEMA DE LA ESPECIALIDAD	PESO ESPECÍFICO
1. Estructurar el tema de forma coherente, secuenciada, justificada y equitativa con todos los apartados.	25%
2. En relación a los contenidos desarrollados, responder al tema planteado, adaptándose al currículum, con aportaciones teórico-prácticas, siendo funcional para la práctica docente.	40%
3. Ser original y creativo en el desarrollo del tema, estableciendo conexiones con otros contenidos del currículum, con aportaciones personales fundamentadas que revelan la creación propia e inédita del mismo.	15%
4. El tema será afín a unas bases teóricas, a una fundamentación científica de la que parte el currículum, al tiempo que aporta ideas nuevas.	5%
5. Mostrar una lectura fluida y comprensible, con una actitud transmisora y un desarrollo expositivo que se ciñan al tema.	15%

En la Convocatoria de **Secundaria** de **Andalucía** de **2016**, los criterios o "indicadores" a tener en cuenta por los tribunales para el examen escrito, son:

INDICADORES

● ESTRUCTURA DEL TEMA:

- Índice (adecuado al título del tema y bien estructurado y secuenciado).
- Introducción (justificación e importancia del tema).
- Desarrollo de todos los apartados recogidos en el título e índice.
- Conclusión (síntesis, donde se relacionan todos los apartados del tema).
- Bibliografía (cita fuentes diversas, actualizadas y fidedignas).

● EXPRESIÓN Y PRESENTACIÓN:

- Fluidez en redacción, adecuada expresión escrita: ortografía y gramática.
- Riqueza y corrección léxica y gramatical (IDIOMAS).
- Limpieza y claridad.

● CONTENIDOS ESPECÍFICOS DEL TEMA:

- Nivel de profundización y actualización de los contenidos.
- Valoración o juicio crítico y fundamentado de los contenidos.
- Ilustra los contenidos con ejemplos, esquemas, gráficos…
- Secuencia lógica y ordenada.
- Uso correcto y actualizado del lenguaje técnico.

CONSEJOS SOBRE CÓMO ESTUDIAR LOS TEMAS. ESTRATEGIAS.

Exponemos una serie de consejos que solemos dar a nuestros opositores:

- Cada uno tiene un "método" que ha experimentado durante su vida de estudiante, sobre todo a nivel universitario, de ahí que nuestra influencia sea relativa. No obstante, muchos nos reconocen que *"nunca hemos estudiado en profundidad hasta comenzar a prepararnos las oposiciones"*.

- Reconocemos que hay **múltiples** formas de estudio. Hemos tenido opositores que necesitaban estar tumbados, otros sentados y en total silencio, otros tenían que tener forzosamente una tenue música de fondo, etc. Es decir, existen muchas maneras con más o menos **dependencia/independencia** de **campo**.

- Unos precisan **luz** natural, otros luz blanca o azul, con flexo cercano o con la de la lámpara del techo...

- Hay quien prefiere estudiar a base de **resúmenes** hechos en un procesador de textos y otros, en cambio, tenían que estar a mano.

- Muchos prefieren **grabar** verbalmente los contenidos para reproducirlos cuando viaja, corre, nada o anda y así aprovechar estos "tiempos muertos".

- Otros requieren **gráficos** y mapas conceptuales. Incluso, hemos tenido los que preferían hacer un póster-esquema y colgarlo a la pared para leerlo de pie...

- Otro grupo lo conforman aquellos que prefieren subrayar o señalar los puntos clave con rotulador marcador tipo fluorescente, otros a lápiz... Eso sí, lo señalado debe tener encadenamiento o cohesión interna para verterlo, ya redactado, en el examen, de ahí que **debamos estudiar escribiendo**, porque el examen escrito trata de ello.

- Debemos usar bolígrafos de gel por ser más rápidos en su trazo y papel tamaño A4, que es el que nos van a proporcionar el día del examen. Ojo a los tipos de **bolígrafos permitidos** por los tribunales, debemos estar muy atentos a lo que nos dicen el día de la **presentación**. Independientemente de ello, debemos acostumbrarnos a poner el folio directamente sobre la superficie dura de la mesa, ya que así la velocidad de escritura es superior que si lo situamos encima de otros folios porque éstos hacen que el espacio de apoyo nos frene por ser más blando. Un **reloj** para controlarnos los tiempos es imprescindible también.

- En cualquier caso, no sería bueno estudiar más de dos horas seguidas, sobre todo si estamos sentados. Ello, normalmente, acarrea contracturas dorso-lumbares, en los miembros inferiores, etc. con el consiguiente dolor y molestia. Lo mismo podemos decir a nivel de nuestra visión.

- Realizar **actividad física o deportiva** varias veces a la semana es muy aconsejable por simple razón de compensación y revitalización personal.

- Es bueno, pues, cada dos horas aproximadamente, hacer un **alto horario** de 8-10 minutos para despejarnos mentalmente y estirarnos físicamente. Beber **agua** y la ingesta de **fruta** suele ser positivo. Esto es extensible al día del examen de la oposición.

- No obstante, si la convocatoria nos dice que el escrito durará más de este tiempo, debemos paulatinamente aumentar las dos horas hasta llegar al **tope** marcado.

- Siempre recomendamos realizar una **planificación** semanal personalizada, que regule nuestro **tiempo** destinado al estudio (avance y repaso de los temas del escrito, casos prácticos, exposición oral), al trabajo, deporte, ocio, obligaciones familiares, etc. Ver tabla/ejemplo en la página siguiente.

- **¿Cuánto tiempo dedicar al estudio?** No podemos dar "recetas" pues depende del nivel previo de cada opositor. Hay quien trae excelentes aprendizajes previos de la carrera y hay quien ese nivel lo trae demasiado básico. Otros ya tienen experiencias en oposiciones, etc. Así pues cada uno debe auto regularse en función de sus capacidades y sus circunstancias personales. Genéricamente podemos indicar que, al menos, 4-6 horas/día divididas por un descanso de 10-15 minutos puede ser un estándar adecuado. A partir de ahí, personalizar en función del avance o no obtenido.

- Siempre debemos tener un "**molde personal**" en función de la capacidad grafomotriz, habida cuenta el **ahorro** de tiempo y energía que nos supone seguir esta estrategia.

- De cualquier forma, debemos respetar el dicho popular "*lo que no se recuerda, no se sabe*", de ahí **memorizar comprensivamente** lo más significativo.

- La **memoria**, al igual que ocurre con la condición física, se mejora ejercitándola con frecuencia.

- Tan importante es memorizar un tema nuevo como no olvidar los ya aprendidos, por lo que es necesario **consolidar**, repasando, lo estudiado. Comprobar que dominamos temas anteriores mejora nuestra capacidad de auto concepto.

- De ahí la importancia de estudiar teniendo delante nuestro **resumen personalizado** y olvidarnos de aumentar los contenidos del tema porque, además de crearnos inquietudes, posiblemente no podamos reflejar todo lo que sabemos en el tiempo que tenemos de examen.

Mostramos en el siguiente **gráfico** un claro y rápido ejemplo de cómo auto planificarse el estudio durante la semana a partir de tres **módulos** diarios:

EJEMPLO DE PLANIFICACIÓN SEMANAL-TIPO
Combinación de estudio-repaso-programación-UU.DD.-prácticos-trabajo profesional-descanso

LUNES	MARTES	MIÉRCOLES	JUEVES	VIERNES	SÁBADO	DOMINGO
MAÑANA	MAÑANA	MAÑANA	MAÑANA	MAÑANA	MAÑANA	MAÑANA
TRABAJO	Estudio tema nuevo semana	TRABAJO	Repaso tema nuevo	TRABAJO	Casos Prácticos	Libre
TRABAJO	Estudio tema nuevo semana	TRABAJO	Programación	TRABAJO	Casos Prácticos	Libre
TARDE	TARDE	TARDE	TARDE	TARDE	TARDE	TARDE
Estudio tema nuevo semana	Programación	Repaso temas anteriores	UU. DD.-U.D.I.	Sesión de clase con preparador	Repaso temas anteriores	Repaso temas anteriores

RECOMENDACIONES PARA LA REALIZACIÓN DEL EXAMEN ESCRITO. ESTRATEGIAS.

NOTA: Muchos de los consejos que ahora damos, sobre todo los relacionados con la presentación, escritura, etc. son también aplicables a la realización por escrito de los casos prácticos, si los hubiera.

En las convocatorias anteriores se ha comprobado que la mayoría de aprobados en el examen escrito tenían **buena letra**, además de contenidos notables. Efectivamente, entre los criterios de evaluación que utilizan los tribunales hay algunos puntos destinados a la **presentación** que no podemos desechar. Incluso, si la Orden de la Convocatoria indica que el opositor deberá **leer** su propio **examen** ante el tribunal, éste suele comprobar posteriormente su estructura, sintaxis, ortografía, etc.

No llegar a tiempo a los llamamientos supone la primera **precaución** a tomar. En ocasiones, las instalaciones donde se celebran las oposiciones se ven saturadas desde varios kilómetros antes de llegar. A ello hay que sumar el tiempo para aparcar, buscar el aula asignada, etc. **Llegar tarde** puede suponer la **no presentación** y la consiguiente **eliminación**.

Gracias a las observaciones hechas por los tribunales de años anteriores y por los criterios de evaluación que han transcendido, estamos en disposición de apuntar una serie de anotaciones a considerar por las personas opositoras durante su periodo de preparación con nosotros. Habitualmente los tribunales reservan parte de la nota total para los **aspectos "formales"** del examen, que ahora comentamos. Esto es de vital importancia porque dos opositores con igual cantidad y calidad de contenidos, sacará mejor nota quien mejor lo presente. Ante ello, reservar algunos minutos para poder **revisar** el examen antes de entregarlo, teniendo en cuenta lo siguiente:

- Nadie aprueba con **mala letra**. Igual decimos de la presentación y limpieza.
- Esto lo hacemos extensivo a las faltas de **ortografía**, acentuación, mala **sintaxis**, incorrecciones **semánticas**, **expresión** y **redacción**, **vulgarismos**, **repetir la misma palabra** continuadamente, **tachones**, suciedad, etc. No podemos "escribir igual que hablamos". También, no poner el número del tema elegido o su título. Otro error habitual es el mal uso de los puntos, bien seguido, bien aparte.
- Debemos escribir por **una carilla** -al menos que el tribunal indique otra cosa- con letra más bien grande para facilitar su lectura. No poner detalles como "no recuerdo..."; "creo que..."; "no me da tiempo..."; "me parece que es...".
- La **media** de **folios** (carillas o páginas) que suelen hacer nuestros preparados están entre **14 y 16**, con **17-22 renglones** cada una (20 lo habitual) y **9 palabras/renglón,** teniendo en consideración unos **márgenes laterales** y **superior e inferior** de 2 a 2'5 centímetros. No obstante, conforme avanza la preparación y la habilidad para escribir este tipo de examen, hay quien aumenta el volumen de páginas de manera significativa, pero siempre manteniendo y respetando los criterios de evaluación que suelen tener los tribunales: letra, limpieza, construcción semántica, ortografía, etc. Si preferimos escribirlo en un procesador de textos, como puede ser "Word", el número de palabras suele estar alrededor de las 2400-2700, aproximadamente.
- Los **renglones** deben ser **paralelos** y siempre con el mismo **interlineado**. En caso de tener problemas para hacerlo, podemos llevarnos una **plantilla** ya hecha, como una hoja tamaño folio de cuaderno de rayas, o bien hacerla allí

mismo con lápiz y regla. Si tampoco pudiese ser (a veces los tribunales han hecho especial hincapié en "no entrar con plantilla, regla, etc."), nos esmeraríamos en la realización de la primera página, aunque tardásemos más tiempo, y ésta nos serviría como "falsilla" o planilla de renglones. Otro **truco** es hacerla a partir del **DNI** al que previamente le hemos hecho unas señales minúsculas con la anchura que deseamos. Éste nos sustituiría a la regla.

- No se puede ser "loco o loca" escribiendo. Para ello es importante el **entrenamiento** durante el periodo de preparación. De ahí surge la **automatización** de todos estos aspectos, además del sangrado, márgenes, etc. No poner abreviaturas.
- Por otro lado debemos **numerar** las hojas, incluso algunos lo hacen poniendo "1 de 15; 2 de 15…".
- La utilización de **dos colores** de tinta **no** suele estar **permitido**, como tampoco subrayados para señalizar los títulos, epígrafes, ideas fundamentales, etc., al menos que el tribunal exprese lo contrario. En todo caso, **preguntar** al tribunal antes de empezar si es posible su uso, así como de tippex. También si se pueden poner gráficos, flechas, tablas, etc., si el tribunal lo permite, pero la Orden de la Convocatoria suele prohibirlo por considerarlo posible "**señal**". Un **bolígrafo** tipo **gel** y apoyarnos sobre un **superficie dura** para que éste se deslice mejor, nos permite mayor velocidad de escritura manteniendo su calidad. Quienes suelen hacer tachaduras, previendo que no les dejen usar tippex, pueden optar por un **bolígrafo borrable por fricción** (marca Pilot o similar) que elimina cualquier rastro de su propia tinta. No obstante, determinados "bolígrafos rápidos" que se basan en tinta tipo gel, suelen ser peor para opositores **zurdos**, por razones obvias. Recordamos la necesidad de seguir exactamente las **instrucciones** que nos dé el tribunal al respecto, habida cuenta tenemos experiencias sobre la **anulación** de exámenes por el uso de este tipo de herramienta de escritura.
- No olvidemos que la mayoría de los títulos de los temas tienen tres puntos, por lo que debemos **dividir** la totalidad de materia que escribamos en tres partes similares. De esa forma, evitamos exponer mucho contenido de una parte en perjuicio de otra. Así pues, normalmente haremos tres puntos con varios sub-puntos cada uno buscando la conexión entre los mismos. Además, pondremos el **índice** al principio, tras el título, **introducción**, **conclusiones**, **bibliografía** -que incluye la legislación- y webgrafía. En **resumen**, queda muy bien, limpio y "amplio", la estructuración del examen de esta manera:

    - **Título** del Tema. 1ª página. Mayúsculas y en una única página.
    - **Índice**. 2ª página. En una sola página.
    - **Introducción**. 3ª y 4ª página. Debe tener cierta peculiaridad con objeto de atraer la curiosidad del corrector. Nombrar los descriptores del título y en cada uno dar una o dos referencias del mismo. Podemos "presentarlo" a través de su importancia en el currículo y citar sus referencias legislativas. Usar, preferentemente, dos páginas.
    - **Apartados o descriptores** y los sub-apartados. 5ª página. Es el eje alrededor del cual gira la nota relativa a los contenidos. Incluye definiciones, clasificaciones, teorías, líneas metodológicas, referencias curriculares, aplicaciones prácticas, actividades, etc., todo ello citando a autores y normativa que luego quedarán reflejados en la bibliografía, pero con una redacción técnica. En cualquier caso debemos marcar claramente cuándo finalizamos el primer punto y comenzamos el siguiente. Si somos "olvidadizos", podemos dejar un interlineado relativamente amplio por si nos acordamos después de algún detalle olvidado y deseamos incorporarlo sin tachones.

- **Conclusiones**. Lo más notable que hemos tratado, los puntos clave. Al ser lo último que el corrector lee, deben estar muy cuidadas porque puede influir decisivamente en la nota.
- **Bibliografía**. Reseñar algún libro "comodín" y de los autores nombrados anteriormente. También la legislación significada.
- **Webgrafía**. Alguna general, como revistas digitales, o específica.

En cualquier caso, es **imprescindible** conocer los **criterios de evaluación** que van a seguir los tribunales, máxime si son públicos, como viene ocurriendo en varias comunidades autónomas, y en Andalucía de forma más concreta, tal y como hemos citado en el capítulos anteriores. Debemos, pues, hacer caso de ellos y citar o desarrollar todos los **aspectos** que los criterios mencionan.

Precisamente, el tiempo no lo podemos "regalar" ni despreciar, por lo que si terminamos el examen y aún quedan cinco o diez minutos, debemos **repasar** lo escrito por si se nos ha olvidado algo relevante o no hemos puesto la debida atención a las faltas gramaticales, sesgos sexistas, escritura con "códigos SMS", etc. Así pues, debemos agotar el tiempo subsanando cualquier error.

Si la preparación ha sido buena, nada más hacerse el sorteo de los temas, debemos decidirnos por uno. Inmediatamente nos concentramos y empezamos a desarrollarlo, porque debemos ya tener "**automatizada**" su escritura. Si empezamos a dudar, comenzamos a perder el escaso tiempo que nos dan.

En caso de haber estudiado con "**esquemas**", lo mejor sería hacernos uno en sucio para usarlo como guía en la redacción del examen. Este folio nos sirve también para tomar notas, para ir estructurando el tema, etc. Pero, repetimos, la escritura del tema debemos tenerla automatizada porque si no perdemos el tiempo. Esta hoja la destruiríamos al terminar.

Si hemos preparado una introducción, conclusiones, bibliografía y webgrafía "estándar", podemos irlas escribiendo en el llamado "**tiempo perdido**" que suele haber desde que nos dan los folios hasta que sortean los números de los temas. Después podemos añadir los rasgos específicos del tema ya elegido.

Nuestros preparados suelen preguntarnos por la expresión a usar. Aconsejamos el "**plural mayestático**" (*nosotros, ahora vemos, podemos seguir, observamos*, etc.)

Otro aspecto importante es la **elección** del tema de entre los sorteados. Debemos hacer el que dominemos mejor, el que ya lo hayamos escrito muchas veces durante la preparación, el que nos garantice escribir más folios, en suma, el que nos dé más seguridad.

No olvidar llevarse **agua** y alguna pieza de **fruta**. Normalmente a finales de junio suele hacer mucho **calor** y la sensación de éste aumenta con la tensión del examen.

Ahora adjuntamos una **hoja con un resumen** de los **aspectos formales** del examen escrito del tema, aunque aplicable también a la redacción de los **casos prácticos**.

JOSÉ MARÍA CAÑIZARES MÁRQUEZ Y CARMEN CARBONERO CELIS

MODELO ESTÁNDAR DE PRESENTACIÓN PARA PRUEBA ESCRITA

2.- COORDINACIÓN Y EQUILIBRIO EN LA INICIACIÓN AL FÚTBOL ESCOLAR

2.1. CONCEPTUALIZACIONES PRELIMINARES.

Desde un primer momento es adecuado tener en cuenta que cualquier movimiento, por mínimo que sea, requiere coordinación y equilibrio adecuados. Por ejemplo, abrir y cerrar una mano conlleva que una serie de grupos musculares realicen (agonistas) la acción y que otros se relajen (antagonistas) para que aquéllos puedan actuar, así como que otros grupos estabilicen (fijadores) los de la muñeca para que lo anterior pueda tener lugar (Téllez, 2014).

La coordinación nos permite hacer lo pensado, es decir, realizar la imagen mental que nos hemos hecho, el esquema motor. Está íntimamente ligada a las habilidades y destrezas básicas a través de su relación con la coordinación dinámico general y la coordinación óculo-segmentaria, respectivamente (Mateos y Garriga, 2015).

Precisamente, las edades porpias de la Primaria son las más críticas para el desarrollo de las capacidades coordinativas (Bugallal, 2011).

Si nos fijamos atentamente en un partido de fútbol podemos observar numerosas acciones diferentes y que, mal hechas, pueden producir lesiones, como dejinses:

a) Carreras
b) Saltos
c) Giros
d) Lanzamientos

Todos ellos con infinidad de VARIANTES. Para que todos esos gestos "salgan bien" havrá habrá sido necesario un director que regule todos los mov. Esta es la función del sistema nervioso.

PARTES ESTÁNDARES A TODOS LOS TEMAS.

Muchas de las personas que preparamos tienen **problemas** por la falta de tiempo o de, simplemente, por ser poco capaces de aprender **introducciones, conclusiones, bibliografías, legislación y webgrafía** de cada uno de los temas.

Uno de los **remedios** para no "castigar" la memoria es confeccionarse unos "**estándares**" o "**comunes**" que den servicio a estos apartados.

Si a ello le unimos la racionalidad en la confección del Índice, a partir de los tres o cuatro apartados o descriptores del título del tema, hemos ahorrado un esfuerzo a nuestra memoria.

Así pues, vamos a dar una serie de **consejos** para que cada persona lectora los elabore de una forma sencilla pero eficaz unos textos usuales, si bien deberíamos a continuación podríamos **complementarlos** con unos **rasgos específicos** del tema que, prácticamente, nos vienen dado por el **título** del tema que nos escribirá el tribunal en la pizarra de la sala de examen. Por ejemplo, si la Introducción la hacemos en dos páginas, los aspectos comunes pueden suponer entre el 60-75 %, es decir, página y un tercio de la siguiente. Si la Conclusión la hacemos en una única, las tres cuartas partes podemos dedicarla a los textos estandarizados y el resto a los concretos del tema escrito.

INTRODUCCIONES COMUNES A TODOS LOS TEMAS

Cuando hemos hablado con los componentes de los tribunales, habitualmente nos indican que suelen fijarse en el "detalle" de si el opositor ha puesto desde el principio o no **referencias** a la **legislación actual**, debido a que suelen entender que cualquier tema debe redactarse **a partir** de las leyes educativas, decretos y órdenes que las desarrollan. Así pues, debemos hacer mención, **respetando su jerarquía**, de:

- Ley Orgánica 8/2013, de 9 de diciembre, para la mejora de la calidad educativa (LOMCE). B.O.E. nº 295, de 10/12/2013.
- Ley Orgánica 2/2006, de 3 de mayo, de Educación (LOE). B.O.E. nº 106 del 04/06/2006. (Modificada por la LOMCE/2013).
- Ley 17/2007, de 10 de diciembre, de Educación en Andalucía. B.O.J.A. nº 252, de 26/12/2007.
- M. E. C. (2014). *Real Decreto 126/2014, de 28 de febrero, por el que se establece el currículo básico de la Educación Primaria.* B. O. E. nº 52, de 01/03/2014.
- M.E.C. (2015). *Orden ECD/65/2015, de 21 de enero, por la que se describen las relaciones entre las competencias, los contenidos y los criterios de evaluación de la educación primaria, la educación secundaria obligatoria y el bachillerato.* B.O.E. nº 25, de 29/01/2015.
- JUNTA DE ANDALUCÍA (2015). *Decreto 97/2015, de 3 de marzo, por el que se establece la ordenación y el currículo de la educación Primaria en la comunidad Autónoma de Andalucía.* BOJA nº 50 de 13/013/2015.
- JUNTA DE ANDALUCÍA (2015). *Orden de 17 de marzo de 2015, por la que se desarrolla el currículo correspondiente a la educación Primaria en Andalucía.* BOJA nº 60 de 27/03/2015.

No obstante, entendemos que sería un buen detalle **citar** también a las **Competencias Clave**, habida cuenta su importancia a partir de la publicación de la LOE/2006, actualizada por la LOMCE/2013.

Igualmente podemos hacer mención a la legislación correspondiente a la evaluación o a la relacionada con la atención a la **diversidad**, pero tanto texto no nos cabe, de ahí la necesidad de **sintetizar** la información que consideremos más representativa.

Otra línea es plasmar alguna "**frase hecha**", como "*enseñar Educación física con éxito supone diseñar una programación coherente con el contexto, disponer de un amplio abanico de estrategias didácticas, generar un clima de clase que invite al aprendizaje, utilizar adecuadamente los recursos materiales y tecnológicos e integrar la evaluación en el proceso de aprendizaje*" (Blázquez y otros, 2010).

Otro ejemplo puede ser: "*Uno de los fines genéricos que persigue la Educación Física escolar es el de favorecer la ubicación personal del alumno/a en la sociedad, en una cultura corporal donde la escuela proporcione al alumnado los medios apropiados para su acceso y, en consecuencia, conseguir los beneficios que de ella pueden conseguir: desarrollo personal; equilibrio psicofísico; mejorar la salud; disfrutar del tiempo de ocio; etc., así como el desarrollo de la autonomía personal ante las influencias que imponen los nuevos mitos sociales*". "*El cuerpo y el movimiento como ejes básicos de nuestra acción educativa*"; "*el área de Educación Física se muestra sensible a los acelerados cambios que experimenta la sociedad…*"; "*la importancia de las relaciones interpersonales que se generan alrededor de la actividad física permiten incidir en la asunción de valores como el respeto, la aceptación, la cooperación…*", procedentes de legislaciones pasadas, pero de plena actualidad por la temática expresada.

Posteriormente, en la Introducción debemos hacer referencias a la materia que trata el tema elegido, lo que antes hemos referenciado como "rasgos específicos". Esto nos resulta fácil con un poco de práctica, simplemente comentando una o dos líneas a partir del título del tema que el tribunal detalla en la pizarra. No obstante, el sentido de lo que expresemos debe ir encaminado a lo que "vamos a tratar en el desarrollo del tema…"

CONCLUSIONES COMUNES A TODOS LOS TEMAS

Si en las introducciones se basan en lo que "vamos a estudiar en el tema…", con las Conclusiones ocurre al contrario: "a lo largo del tema hemos visto (escrito, estudiado, tratado, etc.) la importancia de…" Para ello podemos **actuar** como antes, es decir, un par de **párrafos comunes** a todas las temáticas. Por ejemplo, "la trascendencia del conocimiento del propio cuerpo, vivenciándolo y disfrutándolo, además de respetarlo". Otra posibilidad es incluir un párrafo basándonos en algunos ejemplos de estos textos **estandarizados**:

"*Todos los niños y niñas tienen el derecho a una educación de calidad que permita su desarrollo integro de sus posibilidades intelectuales, físicas, psicológicas, sociales y afectivas*" (Decreto 328/2010). "*Entendemos la etapa de primaria como fundamental para el desarrollo de las capacidades motrices del alumnado y donde el docente debe observar las deficiencias de éstos para corregirlas lo más rápidamente posible*".

En Andalucía, la O. 17/03/2015, indica que: "*la Educación Física es un área en la que se optimizan las capacidades y habilidades motrices sin olvidar el cuidado del cuerpo, salud y la utilización constructiva del ocio. En Educación física se producen relaciones de cooperación y colaboración, en las que el entorno puede ser estable o variable, para conseguir un objetivo o resolver una situación. La atención selectiva, la interpretación de las acciones de otras personas, la previsión y anticipación de las propias acciones teniendo en cuenta las estrategias colectivas, el respeto de las normas, la resolución de problemas, el trabajo en grupo, la necesidad de organizar y adaptar las respuestas a las variaciones del entorno, la posibilidad de conexión con otras áreas, el juego como herramienta primordial, la imaginación y creatividad".*

Posteriormente plasmamos algunos rasgos de lo más característico que hemos escrito durante la redacción del tema escogido. Realmente se trata de que destaquemos lo más trascendental de cada uno de los apartados de los descriptores del título, pero con información nueva, expresando que "a lo largo del tema hemos visto la importancia de..." o "hemos indicado en la redacción del tema los conceptos, clasificaciones, didáctica de...".

BIBLIOGRAFÍA COMÚN A TODOS LOS TEMAS

Hay quien diferencia **bibliografía** de **legislación**. Nosotros, al estar ambos documentos en formato papel, lo **unificamos**.

Evidentemente cada tema tiene una serie de volúmenes principales o monográficos de apoyo, pero también está muy claro que hay una serie de **libros generales de didáctica** que vienen muy bien tenerlos en cuenta para ponerlos en la mayoría de los temas. Son las publicaciones que habitualmente se manejan en las facultades de Magisterio. Los tribunales suelen valorar más ediciones de los **últimos años**, aunque siempre habrá libros "clásicos", sobre todo las **monografías** de conocidos autores y que son muy **específicas** de los **temas**. Por ejemplo, Delgado Noguera en temas relacionados con la metodología y organización; Blázquez con evaluación y con la iniciación deportiva; Rigal en motricidad, etc.

Algunos ejemplos de bibliografía **común**, es decir, libros que prácticamente en su totalidad tratan **todas** las **materias** de los veinticinco temas, son:

ADAME, Z. y GUTIÉRREZ DELGADO, M. (2009). *Educación Física y su Didáctica. Manual de Programación*. Fondo Editorial de la Fundación San Pablo Andalucía CEU. Sevilla.

ARRÁEZ, J. M.; LÓPEZ, J. M.; ORTIZ, Mª M. y TORRES, J. (1995). *Aspectos básicos de la Educación Física en Primaria. Manual para el Maestro*. Wanceulen. Sevilla.

BLÁZQUEZ, D.; CAPLLONCH, M.; GONZÁLEZ, C.; LLEIXÁ, T.; (2010). *Didáctica de la Educación Física. Formación del profesorado*. Graó. Barcelona.

CAÑIZARES, J. Mª y CARBONERO, C. (2009). *Currículum de Educación Física en Primaria para Andalucía*. Wanceulen. Sevilla.

CAÑIZARES, J. Mª y CARBONERO, C. (2009). *Currículum de Educación Física en Primaria*. Wanceulen. Sevilla.

CHINCHILLA, J. L. y ZAGALAZ, M. L. (2002). *Didáctica de la Educación Física*. CCS. Madrid.

CONTRERAS, O. R. y GARCÍA, L. M. (2011). *Didáctica de la Educación Física. Enseñanza de los contenidos desde el constructivismo*. Síntesis. Madrid.

CONTRERAS, O. y CUEVAS, R. (2011). *Las Competencias Básicas desde la Educación Física*. INDE, Barcelona.

FERNÁNDEZ GARCÍA, E. -coord.- (2002). *Didáctica de la Educación Física en la Educación Primaria*. Síntesis. Madrid.

FERNÁNDEZ GARCÍA, E. -coord.- CECCHINI, J. A. y ZAGALAZ, Mª L. (2002). *Didáctica de la educación física en la educación primaria*. Síntesis. Madrid.

GALERA, A. D. (2001). *Manual de didáctica de la educación física. Una perspectiva constructivista moderada*. Vol. I y II. Paidós. Barcelona.

GIL MORALES, P. (2001). *Metodología didáctica de las actividades físicas y deportivas*. Fundación Vipren. Cádiz.

SÁENZ-LÓPEZ, P. (2002). *La Educación Física y su Didáctica*. Wanceulen. Sevilla.

SÁNCHEZ BAÑUELOS, F. (1996) *Bases para una Didáctica de la Educación Física y los Deportes*. Gymnos. Madrid.

SÁNCHEZ BAÑUELOS, F. y FERNÁNDEZ, E. -coords.- (2003). *Didáctica de la Educación Física para Primaria*. Prentice Hall.

SÁNCHEZ GARRIDO, D. y CÓRDOBA, E. (2010). *Manual docente para la autoformación en competencias básicas*. C.E.J.A. Málaga.

VICIANA, J. (2002). *Planificar en Educación Física*. INDE. Barcelona.

VILLADA, P. y VIZUETE, M. (2002). *Los Fundamentos teóricos-didácticos de la Educación Física*. Secretaría General Técnica del M. E. C. D. Madrid.

VV. AA. (2008). *Colección de manuales de atención al alumnado con necesidades específicas de apoyo educativo*. (10 volúmenes). C. E. J. A. Sevilla.

ZAGALAZ, Mª L.; CACHÓN, J.; LARA, A. (2014). *Fundamentos de la programación de Educación Física en Primaria*. Síntesis. Madrid.

Esta relación, o parte de ella, no debe aparecer en exclusiva. Antes que nada debemos recordar que es muy conveniente **reseñar autores y año** de publicación **durante** la **redacción** de los diversos apartados o descriptores. Esto, obviamente, nos obliga a incluirlos en la bibliografía "específica" de cada tema. Por ejemplo, en los temas relacionados con la psicomotricidad (7 – 9 – 10 – 11) recomendamos citar a:

RIGAL, R. (2006). *Educación motriz y educación psicomotriz en Preescolar y Primaria*. INDE. Barcelona.

SASSANO, M. (2015). *El cuerpo como origen del tiempo y del espacio. Enfoques desde la Psicomotricidad*. Miño y Dávila editores. Buenos Aires.

TAMARIT, A. (2016). *Desarrollo cognitivo y motor*. Síntesis. Madrid.

Hay una serie de **documentos legislativos** "obligatorios" porque, entre otras cosas, los hemos debido referir en el examen escrito. Además, debemos reseñar otros **específicos** de los temas. Por ejemplo, si tratamos la "evaluación", debemos anotar la

Orden de 4 de noviembre de 2015, por la que se establece la ordenación de la evaluación del proceso de aprendizaje del alumnado de educación Primaria en la Comunidad Autónoma de Andalucía.

La legislación general ya la hemos indicado en el apartado anterior sobre "Introducciones comunes", aunque referida a Andalucía. **Cada persona opositora debe adecuarla a la comunidad autónoma donde se presente.**

WEBGRAFÍA COMÚN A TODOS LOS TEMAS

Hoy día muchas de nuestras fuentes consultadas se encuentran en **Internet**, de ahí que debamos señalar algunas **webs fiables**. Nos inclinamos por revistas electrónicas de prestigio en la didáctica general y en la educación física en particular, así como a los portales de las propias **consejerías** de educación de la comunidades autónomas. Todas ofrecen recursos didácticos, experiencias... y legislación aplicada.

Algunos ejemplos, son:

http://www.agrega2.es
http://recursos.cnice.mec.es/edfisica/
http://www.ite.educacion.es/es/recursos
http://www.educarm.es/admin/recursosEducativos#nogo
www.juntadeandalucia.es/educacion/descargasrecursos/curriculo-primaria/index.html
http://www.gobiernodecanarias.org/educacion/webdgoie/
http://www.educarex.es/web/guest/apoyo-a-la-docencia
http://www.catedu.es/webcatedu/index.php/recursosdidacticos
http://www.adideandalucia.es

TEMA 17

DESARROLLO DE LAS CAPACIDADES FÍSICAS BÁSICAS EN LA EDAD ESCOLAR. FACTORES ENTRENABLES Y NO ENTRENABLES. LA ADAPTACIÓN AL ESFUERZO EN NIÑOS Y NIÑAS.

ÍNDICE

INTRODUCCIÓN

1. DESARROLLO DE LAS CAPACIDADES FÍSICAS BÁSICAS EN LA EDAD ESCOLAR.

    1.1. La condición física en el Diseño Curricular.

    1.2. Desarrollo del acondicionamiento físico en Educación Física en Primaria.

        1.2.1. Resistencia.
        1.2.2. Flexibilidad.
        1.2.3. Velocidad.
        1.2.4. Fuerza.

2. FACTORES ENTRENABLES Y NO ENTRENABLES.

3. LA ADAPTACIÓN AL ESFUERZO FÍSICO EN NIÑOS Y NIÑAS.

    3.1. Adaptaciones que producen el desarrollo de las capacidades físicas básicas en los organismos de los niños y de las niñas.

    3.2. Teorías que tratan de explicar los fenómenos de adaptación.

CONCLUSIONES

BIBLIOGRAFÍA

WEBGRAFÍA

INTRODUCCIÓN

Este Tema consta de **tres** grandes apartados relacionados con el entrenamiento y la condición física durante las edades propias de la Etapa Primaria.

En el primero vemos cómo con la práctica del juego motor, las capacidades físicas tienen su importancia como factor de ejecución. La iniciación a la condición física, según el R. D. 126/2014, debe tener un carácter eminentemente saludable. En todo caso debemos huir del modelo deportivo o de rendimiento y fomentar el desarrollo globalizado de todas las capacidades, haciendo su tratamiento con estrategias eminentemente lúdicas. Este modelo se denomina "condición física-salud" (Delgado y Tercedor, 2002).

La segunda parte del Tema se refiere a lo que es posible mejorar o no con el entrenamiento y la tercera trata sobre los procesos adaptativos del organismo infantil ante los esfuerzos físicos hechos en los tres tiempos pedagógicos y las diversas teorías que los sustentan.

En el tratamiento de la condición física en Primaria debemos respetar escrupulosamente el nivel evolutivo de niñas y niños, administrar su dosificación y ejecución teniendo presente los principios de globalidad y de buena ejecución de la habilidad. Por todo ello, los docentes especialistas debemos conocer con profundidad las capacidades orgánicas de su alumnado y saber cómo les afectan las actividades, cuáles son aplicables y su repercusión. A lo largo del tema veremos su tratamiento didáctico que busca, ante todo, un adecuado desarrollo individualizado.

1. DESARROLLO DE LAS CAPACIDADES FÍSICAS BÁSICAS EN LA EDAD ESCOLAR.

El vocablo "desarrollo" tiene en este Tema un sentido similar a entrenamiento. Por ello, **desarrollo** es el producto de una actividad sistemática y regularmente repetida con vistas a una mejora motriz. No obstante, si reflexionamos podemos decir que no es lo mismo **entrenar** que **desarrollar**. El primer concepto tiene una intención más **deportiva**, de rendimiento, de conseguir una determinada marca. El segundo pone más énfasis en lo **educativo** y escolar.

Debemos **huir** de lo que conocemos por "**rendimiento deportivo**" y centrarnos en los aspectos educativos y saludables. Así pues, toda connotación a los sistemas de entrenamiento y su control, así como los modernos sistemas de gestión y software comercial para análisis del rendimiento: Focus, Quintic, Prozone, Dartdish, Crickstatm SiliconCoach, SportsCode, etc. **no tiene** ningún tipo de **aplicación** en el ámbito educativo (Pérez Turpin, 2012).

El error más grave que se suele cometer es considerar al niño como un adulto en pequeño, y querer aplicarle el entrenamiento de los atletas de competición simplemente disminuyendo las cargas. Las características del niño y de la niña son muy diferentes a las de los adultos, y su desarrollo debe tener diferencias sustanciales con respecto a ellos, aplicándoles estímulos adecuados a cada edad, e incluso individualizando el trabajo, pues también existen diferencias entre chicos de la misma edad.

Utilizaremos el término "*capacidad*", aunque sabemos que existe un debate abierto sobre "*capacidad*" o "*cualidad*" (Reina y Martínez, 2003).

Las capacidades físicas son cualidades, factores, potencialidades o recursos personales que tiene el individuo. Tal es el caso de doblarse (flexibilidad), correr rápidamente (velocidad). etc. De igual forma podemos afirmar que son unas "predisposiciones innatas" en la persona, factibles de **mejora** en un organismo sano y que le permiten todo tipo de movimientos. Se manifiestan en **todas** las habilidades motrices. Por ejemplo, el salto necesita potencia, la cuadrupedia precisa fuerza, etc. (Cañizares, 2004).

También son conocidas por **capacidades condicionales** o **fundamentales** porque condicionan el rendimiento físico del individuo y porque pueden ser desarrolladas mediante el acondicionamiento físico (Hernández y Velázquez, 2004).

La **condición física** es el estado de forma que posee cada persona (Torres, 2005). Hay que entenderla como un **sumatorio** de capacidades y constituye el soporte de todo entrenamiento deportivo, ya que no es posible imaginar el aprendizaje y utilización de las distintas técnicas, tácticas de competición, etc. sin el desarrollo de la condición física (Peral, 2009).

Por ello, la forma de incrementar la condición física en el alumnado de Primaria se basa en el **acondicionamiento físico básico** o mejora de las capacidades físicas básicas a través de la práctica de la Educación Física de Base y como **factor de ejecución de la habilidad motriz** (Avella, Maldonado y Ram, 2015). Como estamos en el ámbito educativo y recreativo, el componente **salud** es primordial, de ahí que hoy día se hablemos del término "*condición física-salud*". Al contrario, el **acondicionamiento físico específico** se corresponde con el rendimiento deportivo y la competición, identificándose con el término "*condición física-rendimiento*", del que debemos huir en nuestra etapa educativa (Delgado y Tercedor, 2002).

Generelo y Lapetra (1993), definen el acondicionamiento físico como "*el desarrollo intencionado de las capacidades físicas. El resultado obtenido será el grado de condición física*".

1.1. LA CONDICIÓN FÍSICA EN EL DISEÑO CURRICULAR.

Las capacidades físicas se diversifican con claridad en los currículos de la Educación Obligatoria. En Primaria se hace una presentación **global** de ellas dentro de un marco de práctica de las habilidades motrices. En edades posteriores, se limitan a objetivos muy influidos por el modelo condición física-salud, con esfuerzos moderados y evaluación criterial. La idea de la educación física-rendimiento dejó de existir oficialmente en la escuela (Navarro, 2007).

El **R. D. 126/2014** destaca para esta Etapa el binomio "condición física-salud creando hábitos saludables". Dentro de los elementos curriculares, apuntamos:

a) **CC. CLAVE:**
Competencia sociales y cívicas. Las actividades dirigidas a la adquisición de las habilidades motrices requieren la capacidad de asumir las diferencias así como las posibilidades y las limitaciones propias y ajenas. El cumplimiento de las normas que rigen los juegos colabora con la aceptación de códigos de conducta para la convivencia. La Educación física ayuda a entender, desarrollar y poner en práctica la relevancia del ejercicio físico y el deporte como medios esenciales para fomentar un estilo de vida saludable que favorezca al propio alumno, su familia o su entorno social próximo. Se hace necesario desde el área el trabajo en hábitos contrarios al sedentarismo, consumo de alcohol y tabaco, etc. **Competencia digital** en la medida en que

los medios informáticos y audiovisuales ofrecen recursos cada vez más actuales para analizar y presentar infinidad de datos que pueden ser extraídos de las actividades físicas, deportivas, competiciones, etc. El uso de herramientas digitales que permitan la grabación y edición de eventos (fotografías, vídeos, etc.) suponen recursos para el estudio de distintas acciones llevadas a cabo.

b) **Objetivos de Etapa**: El objetivo más relacionado es el "k": *"valorar la higiene y la salud, aceptar el propio cuerpo y el de los otros, respetar las diferencias y utilizar la educación física y el deporte como medios para favorecer el desarrollo personal y social"*, habida cuenta la condición física está presente en las prácticas de juegos motores en mayor o menor medida. Por ejemplo, velocidad en los juegos de relevos.

La **O. del 17/03/2015**, indica:

c) **Objetivos de Área**: Objetivo 2: *Reconocer y utilizar sus capacidades físicas, habilidades motrices y conocimiento de la estructura y funcionamiento del cuerpo para el desarrollo motor, mediante la adaptación del movimiento a nuevas situaciones de la vida cotidiana.*
Objetivo 4: *Adquirir hábitos de ejercicio físico orientados a una correcta ejecución motriz, a la salud y al bienestar personal, del mismo modo, apreciar y reconocer los efectos del ejercicio físico, la alimentación, el esfuerzo y hábitos posturales para adoptar actitud crítica ante prácticas perjudiciales para la salud.*
Objetivo 6: *Conocer y valorar la diversidad de actividades físicas, lúdicas, deportivas y artísticas como propuesta al tiempo de ocio y forma de mejorar las relaciones sociales y la capacidad física, teniendo en cuenta el cuidado del entorno natural donde se desarrollen dichas actividades.*

d) **Bloques de contenidos**. En el **bloque** nº 2 *"La Educación física como favorecedora de la salud"*, se especifican muchos aspectos relacionados con la condición física, como:

- Movilidad corporal orientada a la salud (1º C.)
- Mejora genérica de la condición física-salud (2º C.)
- Calentamiento y recuperación (3º C.)

El **R. D. 126/2014**, indica:

e) **Criterios de evaluación**. El nº 6 nos dice: 6. *"Mejorar el nivel de sus capacidades físicas, regulando y dosificando la intensidad y duración del esfuerzo, teniendo en cuenta sus posibilidades y su relación con la salud".*

f) **Estándares de aprendizaje**. Los correspondientes al 6º criterio, son:

6.1. Muestra una mejora global con respecto a su nivel de partida de las capacidades físicas orientadas a la salud.
6.2. Identifica su frecuencia cardiaca y respiratoria, en distintas intensidades de esfuerzo.
6.3. Adapta la intensidad de su esfuerzo al tiempo de duración de la actividad.
6.4. Identifica su nivel comparando los resultados obtenidos en pruebas de valoración de las capacidades físicas y coordinativas con los valores correspondientes a su edad.

1.2. DESARROLLO DEL ACONDICIONAMIENTO FÍSICO EN EDUCACIÓN PRIMARIA.

Vemos ahora varias formas de desarrollo del acondicionamiento físico, es decir, incrementar la condición física, **aplicado** a Primaria. Para la elaboración de la totalidad de este punto seguimos, sobre todo, a Generelo y Tierz, (1994), Morente (2005), Bernal –coord.- (2008) y Avella, Maldonado y Ram, (2015) en cuanto a los grupos de actividades. Para la evolución de cada capacidad nos basamos en Arráez y otros (1995), Rosillo (2010) y concretamente para la resistencia, en Maynar y Maynar, (2008).

1.2.1. LA RESISTENCIA

La mayoría de autores consideran la resistencia como "*la capacidad de realizar un esfuerzo de mayor o menor intensidad durante el máximo tiempo posible*" (Torres, 2005), aunque también puede definirse como "*la capacidad de oposición del individuo a la fatiga*" (Harre 1987, citado por Reina y Martínez, 2003). Piñeiro (2006b), en su estudio, establece la importancia del cansancio en la definición de resistencia: "*capacidad de resistir frente al cansancio*", diferenciando diversos tipos de éste: físico, mental, sensorial, motor y motivacional, así como sus causas y síntomas objetivos y subjetivos.

En su **evolución**, vemos que desde 1º Ciclo se produce una mejora en los esfuerzos aeróbicos, sobre todo si el nivel de coordinación es significativo, porque trae como consecuencia menos gasto energético. Los test hechos al final de la etapa demuestran una mejor disposición para esfuerzos prolongados.

a) **1º Ciclo de Primaria:**

- **Resistencia y juego**

El juego constituye un elemento de valor incalculable para contribuir a la mejora general de la condición física. En relación con el problema de control de la intensidad, el juego popular espontáneo es en sí mismo un contenido "muy sabio", ya que ha generado una dinámica que constituyen verdaderos sistemas de autorregulación. Por lo que se refiere a los juegos populares no dirigidos, la pauta de intervención del maestro debería consistir únicamente en controlar que se respeten las estructuras básicas que los definen y propiciar situaciones para que aparezcan espontáneamente. El juego dirigido presenta casi las mismas características que el deporte. El docente controlará las variables definidas, tanto en la preparación de la sesión, como durante su desarrollo. Por ejemplo, "Corta hilos".

- **Resistencia y medio acuático**

Cada vez tenemos más piscinas públicas de invierno, dándonos la posibilidad de acudir a ellas. El grado de intensidad es mayor en el agua porque el organismo experimenta en este medio una pérdida de calor debida al contraste de temperaturas. En este contexto es conveniente subrayar la importancia de manejar correctamente las variables de organización y estrategias metodológicas, para evitar pausas inútiles en las que el sujeto dedica energía exclusivamente a combatir el frío.

- **Resistencia y danza**

Las danzas colectivas y los bailes de salón, sin demasiada complicación de automatismos y con ritmos vivos, son muy adecuadas para asegurar un buen trabajo de resistencia, además de mejorar la percepción temporal y aspectos relacionados con la socio afectividad.

- **Resistencia y habilidades y destrezas básicas**

El tratamiento de las habilidades y destrezas básicas se presta perfectamente para contemplar los aspectos cuantitativos. Por ejemplo, al practicar en una clase saltos diversos, la capacidad de resistencia, y también la de fuerza, se ve beneficiada. Igualmente podemos decir de trepas, cuadrupedias, etc. El propio dinamismo de la tarea hace que la frecuencia cardiaca se eleve y trabajemos la resistencia.

b) **2º Ciclo de Primaria:**

Además de todo lo **anterior**, podemos introducir ya el juego pre-deportivo y, con precaución:

- **"Cross-paseo"**

La **marcha** y la **carrera** constituyen dos elementos fundamentales para ejercitar la resistencia, y el aire libre es también el escenario más adecuado. La combinación de ambas habilidades produce lo que denominamos "cross-paseo". Son esfuerzos de intensidad media-baja y las pulsaciones no deben sobrepasar las 160 por minuto.

c) **3º Ciclo de Primaria:**

Lo **anterior**, aunque con **más intensidad**. Además, de forma progresiva:

- **Carrera continua**. ("Continuo extensivo")

Consiste en trotes ininterrumpidos por excelencia y durante un espacio de tiempo prolongado. La intensidad es moderada, baja-media, manteniendo la frecuencia cardiaca entre 120-160 p/m. El ritmo debe ser uniforme y el terreno blando y llano. El tiempo de práctica dependerá del nivel de adaptación del sujeto y de su edad. Por ejemplo: 3' de carrera, 1' de marcha, 5' de carrera, 2' de marcha,… siempre progresando, según los casos, y controlando el ritmo cardiaco.

- **"Circuit-training"**

Este método de trabajo puede hacerse en las edades correspondientes a Educación Primaria, adaptando los diversos parámetros que lo componen. Si bien originariamente estaba previsto para entrenar la resistencia anaeróbica y la potencia, ambas capacidades no son adecuadas para los niños y niñas. ¿Cómo es esta adaptación?: "Circuitos Coordinativos". Así denominamos a estos recorridos donde en cada posta existe un ejercicio de coordinación dinámica general y óculo-segmentaria (saltos, trepas, bote de balón, etc.). En cada estación se estará un tiempo, alrededor de 30" y otros tanto de recuperación entre las bases, con objeto de que sea aeróbico. Podemos hacerlo dos veces con algunos minutos de recuperación y establecer entre seis y nueve actividades.

- **Resistencia y deporte**

Se trata de un buen contenido para practicar la resistencia porque existe un gran nivel de entrega debido a la motivación propia del deporte "mini", pero también, y dada la intensidad que puede alcanzar, en especial durante la competición, resulta difícil controlar el tipo de resistencia que se desarrolla (Maynar y Maynar, -coords.- 2008). En cambio, durante el aprendizaje, resulta más fácil para el docente el control de sus variables (Piñeiro, 2006b).

Independientemente de lo anterior, en los últimos años se relaciona la frecuencia cardiaca con la **zona de actividad**. Ésta se refiere a los distintos ritmos o intensidades que podemos llevar a cabo cuando hacemos resistencia. Partimos de las cinco zonas de actividad definidas por Edwards (1996), por lo que es necesario conocer previamente los porcentajes de ritmo cardiaco personal, y que se calculan a partir de la frecuencia cardíaca máxima teórica aconsejable (220 – edad en hombres y 226 – edad en mujeres). Este autor formula estos cinco espacios de intensidades, desde el aeróbico más liviano hasta el anaeróbico más duro.

% Ritmo cardiaco	Zona de entrenamiento:
50-60%	Zona de actividad moderada. Para quienes se inician. Calentamiento.
60-70%	Zona de control de peso. La energía procede de la degradación de las grasas.
70-80%	Zona aeróbica. Mejora cardiorrespiratoria en general.
80-90%	Zona de umbral anaeróbico. Ritmo duro. Se metaboliza ácido láctico. No abusar.
90-100%	Zona de la línea roja. Peligro. Para muy entrenados.

En Primaria debemos mantenernos dentro de los tres primeros.

1.2.2. LA FLEXIBILIDAD. (Flexolasticidad y Amplitud de Movimientos –ADM- para algunos autores).

La flexibilidad hoy día está muy valorada para el mantenimiento de la condición física media (Reina y Martínez, 2003). Se trata de la única capacidad **involucionista**, debido a que se nace con mucha y se va perdiendo poco a poco, sobre todo con la pubertad, aunque las chicas son más propensas a tener mejor nivel que los chicos, al contrario que ocurre con la fuerza.

Torres (2005), la define como "*la capacidad de mover con la máxima amplitud músculos y articulaciones*". Hernández y Velázquez –coor.- (2004), la entienden como "*la capacidad de realizar movimientos de gran soltura y amplitud, en la que intervienen la movilidad articular y la elasticidad muscular*".

Los sistemas básicos para tratar la flexibilidad podemos clasificarlos en dos grandes grupos: el **trabajo dinámico** y el **trabajo estático.**

El primero se basa en el ejercicio gimnástico tradicional, y se caracteriza porque continuamente aparece movimiento significativo (desplazamiento), no hay fases estáticas. Por ejemplo, circunducciones y lanzamientos. El método no dinámico se caracteriza porque durante una gran parte del trabajo no existe movimiento aparente. Relacionamos este método con el estiramiento donde el sujeto busca en una posición determinada un grado de tensión que deberá mantener durante unos segundos. Ambos métodos pueden hacerse de forma activa (el sujeto hace el esfuerzo), o de forma pasiva (un compañero fuerza la postura).

En cuanto a su **evolución**, vemos que niñas y niños de primer ciclo tienen gran nivel, que se mantiene hasta los 9-10 años. Posteriormente empieza la "dureza" que es más significativa en niños que en niñas.

a) 1º Ciclo de Primaria:

La flexibilidad se mantiene de forma espontánea con el juego motor, de ahí su importancia en los tres tiempos pedagógicos. Así pues, son ejercicios activos y dinámicos realizados de forma natural.

b) 2º Ciclo de Primaria:

Debemos empezar un trabajo más concreto. El inicio de la pubertad hace que el niño empiece a perderla. Son recomendables ejercicios dinámicos y activos y Debe aprenderlos para hacerlos en su tiempo de ocio.

c) 3º Ciclo de Primaria:

Trabajo más acusado que en el ciclo anterior en todos los grandes grupos músculo-articulares. Además, quienes practiquen algún deporte concreto, deben ejercitar más las zonas solicitadas por el mismo. Seguimos usando ejercicios dinámicos y activos preferentemente, aunque podemos introducir los estiramientos al final del Ciclo.

1.2.3. VELOCIDAD

Velocidad es sinónimo de **explosividad**, no sólo en cuanto al desplazamiento, sino en el gesto, en la reacción, etc. De forma general, es la "*capacidad de realizar un movimiento con la máxima rapidez*" (Torres, 2005).

En su **evolución** observamos que desde los seis años mejora por la maduración del sistema nervioso. Sigue acrecentándose gracias a un mayor nivel de fuerza y coordinación, sobre todo lo concerniente al encadenamiento de acciones en relación al espacio-tiempo, que se hace más significativo al final de la etapa (Piñeiro, 2007).

Vamos a analizar propuestas inscritas en aquellos bloques de contenido de la Enseñanza Primaria que más fácilmente se **adaptan** al desarrollo de esta capacidad.

a) 1º Ciclo de Primaria:

La tratamos a través de juegos motores heterogéneos: persecuciones, carreras, saltos de todo tipo, relevos cortos, etc. No debemos hacer velocidad prolongada. Es necesario corregir los defectos propios de las carreras de velocidad: apoyo, braceo, posición del tronco, etc. con objeto de tener un buen patrón, un buen nivel de habilidad básica de la carrera.

- **Velocidad y habilidades y destrezas básicas**

Constituyen un contenido fundamental en el desarrollo de la velocidad de todos los tipos: reacción, segmentaria, desplazamiento, etc. Por ejemplo, responder con la máxima rapidez en la fase de vuelo del salto; girar a la máxima velocidad; "carreras" de desplazamientos con tres apoyos; en parejas, establecer cuál de ellas realiza un mayor número de pases en diez segundos, etc.

- **Velocidad y juego**

Comentamos unos **ejemplos** didácticos. Los "relevos" es un juego típico que involucra a todas las facetas de la velocidad, además de las mejoras en las competencias sociales y afectivas. Una de las ventajas es su aplicación a casi todas las edades y que podemos realizar multitud de ajustes en distancias, participantes, etc. "Los pelotazos", que consiste en intentar impactar una pelota de foam, **autohinchable**, en los demás compañeros, pone en marcha la velocidad de reacción, discriminativa, segmentaria y de desplazamiento, así como la agilidad.

"Cara y cruz" es otro ejemplo. El grupo se divide en dos mitades, los "cara" y los "cruz". Si el profesor nombra a un grupo, el otro deberá ir a por ellos antes de llegar a la meta.

b) 2º Ciclo de Primaria:

Además de lo anterior, insistir en la reacción tras estímulos auditivos, visuales y kinestésico-táctiles. Por ejemplo, salidas sorpresa desde diversas posiciones corporales. También juegos de velocidad gestual como lanzamientos y saltos.

c) 3º Ciclo de Primaria:

Además de lo anterior con algo más de intensidad, podemos introducir carreras en "tresbolillos", saltos acrobáticos y carreras de velocidad de no más de cinco o seis segundos.

1.2.4. LA FUERZA

Es una de las capacidades condicionales que desempeña un importante papel en el desarrollo motor, bien como elemento de rendimiento o como base para generar la tensión necesaria en la creación de cualquier habilidad (Cuadrado, Pablos, García, 2006).

Morehouse-Miller (1986) la definen como "*La capacidad de ejercer tensión contra una resistencia*". Mosston (1978) entiende que es: "*La capacidad de vencer una resistencia exterior o de adaptarla por medio de un esfuerzo muscular*", ambos citados por Piñeiro (2006ª).

En su **evolución** hay que señalar su desarrollo desde las primeras edades, por maduración. El crecimiento físico y el nivel de coordinación son dos parámetros que condicionan su aumento. En tercer ciclo es muy significativa la potencia de salto y al final de la etapa el incremento de la fuerza es constante por la llegada de la pubertad.

El **desarrollo** de la fuerza en la Etapa Primaria debemos hacerlo con actividades propias de los bloques de contenido. Podemos trabajarla con la ayuda del propio peso del individuo (auto cargas) o con implementos de poco peso (sobrecargas), por ejemplo balones medicinales de 2 Kg., cubiertas de scooter, etc., si bien aparece en cualquier **contenido** de Educación Física (Piñeiro, 2006ª).

En cualquier caso, en su **aplicación** debemos tener mucho cuidado con la postura del raquis en juegos de transportes, cargas, etc.; estirar la musculatura paravertebral tras estos juegos, saber las posturas que no implican riesgos, hacer un calentamiento previo y no abusar en actividades de sobrecarga (Rosillo, 2010).

a) 1º Ciclo de Primaria:

- **Fuerza y gimnasia**

Las habilidades gimnásticas requieren fuerza y flexibilidad. Su aplicación puede hacerse desde el primer ciclo, como equilibrios de cabeza o manos; volteos; saltos de aparatos, etc.

- **Fuerza y habilidades y destrezas básicas**

El salto, el desplazamiento (reptar, trepar, etc.), el giro y los lanzamientos y recepciones (lanzamientos de objetos poco pesados) ofrecen un gran número de posibilidades para, con los criterios oportunos, desarrollar la fuerza.

- **Fuerza y juego**

Formas jugadas motivan al participante para desarrollar el trabajo de fuerza. No olvidar los juegos populares, como el "soga-tira". Los juegos en parejas también nos ofertan muchas posibilidades: empujes, tracciones, pulsos, relevos, así como transportes luchas, pero con precaución.

b) 2º Ciclo de Primaria:

Además de lo anterior, podemos utilizar de forma más significativa los recursos propios del gimnasio: bancos, espalderas, colchonetas, etc. Siempre a través de formas lúdicas.

c) 3º Ciclo de Primaria:

Podemos intensificar lo hecho en ciclos anteriores. Además, niñas y niños podrán transportar, en grupo, bancos suecos, colchonetas, cajones de plinto, etc. También lanzar cubiertas de scooter, balones medicinales de 2 kilos, etc. Otra opción son los ejercicios en parejas de "contra-resistencias". Es decir, el compañero opone una resistencia controlada y razonable al movimiento a realizar el ejecutante, evitando tirones y brusquedades, cuestión que no siempre es posible en determinados grupos. Este sistema permite localizar la acción en las zonas anatómicas que más nos interese, por lo que perdemos la concepción global de la actividad.

> Independientemente de lo expresado hasta ahora, debemos considerar la necesidad de enseñar a **calentar** y volver a la calma (**relajación**), para que nuestro alumnado, cuando realice actividad física o deportiva en horario extracurricular, no tenga problemas de salud.

2. FACTORES ENTRENABLES Y NO ENTRENABLES

La **función del maestro/a no es entrenar** ni buscar rendimiento físico en nuestro alumnado. No obstante, se hace fuera del ámbito escolar, en el deportivo de los clubes (Avella, Maldonado y Ram, 2015).

Este punto lo podemos abordar desde **dos** aspectos:

a) Lo expresado por Álvarez (1986) sobre lo que **es factible entrenar o no** en el individuo.

RESULTADO MOTOR DEPORTIVO		
FACTORES NO ENTRENABLES	FACTORES SÍ ENTRENABLES	OTROS FACTORES EXTERNOS INFLUYENTES
• Los propios dados por la herencia: - Biotipo - Tipo de fibra - Número de fibras - Composición ósea	• Los que tienen capacidad de adaptación al esfuerzo: - Capacidades físicas - Técnica y Táctica - Aspectos psíquicos	• Medios socio-económico - Instalaciones y recursos - Control médico - Dieta - Hábitos - Clima…

En resumen: Los **no entrenables** son los dados por la herencia. Los **entrenables** son los modificables por el entrenamiento. Los otros factores influyentes están relacionados con el medio donde se desenvuelve el individuo.

b) Lo que expresan varios autores: Castañer y Camerino (2001), Mirella (2002), Stumpp (2002), Reina y Martínez (2003), Bompa (2004), Los Santos (2004), entre otros, sobre lo que **podemos y no podemos** realizar físicamente con niñas y niños de Primaria:

- Más que entrenar debemos tener la idea de "desarrollar". Los niños no tienen capacidad de entrenar hasta los seis años, por lo menos, y siempre utilizando una metodología lúdica.

- Debemos tener en cuenta la edad biológica del grupo.

- Plantear prácticas racionales, sentando las bases para el futuro.

- Alternar el tiempo de trabajo con el descanso, sobre todo teniendo en cuenta la "explosividad" natural que tienen en el trabajo los niños.

- No hacer ejercicios de sobrecargas y progresar individualmente en la carga.

- Cuidado con el trabajo asimétrico, tenis por ejemplo, compensar el lado "vago".

- Atención a los multisaltos porque pueden acentuar la enfermedad del "crecimiento".

- Huir de ejercicios tradicionales pero que, a la larga, son perjudiciales: marcha en cuclillas, saltos en profundidad, cargas del compañero, abdominales con rodillas extendidas, etc.

- Procurar trabajar integralmente la técnica/preparación física.

- Huir de sistemas de entrenamiento para adultos (pliometría, pesas, cuestas, etc.).

- Atender a la individualización y diversidad.

3. LA ADAPTACIÓN AL ESFUERZO FÍSICO EN NIÑOS Y NIÑAS.

Cuando el organismo soporta nuevas cargas encuadradas dentro de ciertos umbrales, tiende a adaptarse mediante la modificación de la estructura y función de células, tejidos, órganos, etc. (Guzmán, 2013).

Se puede definir la adaptación como *"la especial capacidad de los seres vivos para mantener un equilibrio constante de sus funciones ante la exigencia de los estímulos que continuamente inciden en ellos, gracias a la modificación funcional que se produce en cada uno de sus órganos y sistemas"* (Álvarez del Villar, 1986). Naranjo y Centeno (2000), establecen que *"la adaptación es un cambio duradero en una estructura o función que hace que el organismo pueda responder mejor ante nuevos ejercicios. Generalmente son necesarias varias semanas para que se produzcan".*

La adaptación va a depender de varios factores, que podemos sistematizar así:

- Del excitante o estímulo.
- De la respuesta general del organismo de cada persona.
- De los distintos sistemas a los que van dirigidos específicamente los estímulos.

3.1. ADAPTACIONES QUE PRODUCEN EL DESARROLLO DE LAS CAPACIDADES FÍSICAS BÁSICAS EN LOS ORGANISMOS DE LOS NIÑOS Y DE LAS NIÑAS.

El organismo humano permanece en constante vigilia con el fin de mantener el equilibrio dinámico de los tejidos y su funcionalidad en relación con las exigencias del entrenamiento (Anselmi, 2015).

Naranjo y Centeno (2000), diferencian entre **adaptación** y **respuesta** ya que ésta es *"un cambio agudo y temporal, a diferencia de la adaptación que es duradera, en la función del organismo, ocasionados por el ejercicio, y que desaparecen rápidamente tras finalizar el esfuerzo".*

Es evidente que el desarrollo de las capacidades físicas provoca en el organismo infantil una serie de **modificaciones** físicas y psico-sociales que, de modo general, las iremos comentando a continuación.

Para la elaboración de este punto nos basamos, fundamentalmente, en Naranjo y Centeno (2000), Barbany, (2002), Lloret (2003), Torres (2005), Garrote y Legido (2005), Piñeiro (2006a), Piñeiro (2006b), Gómez Mora (2008), Bernal -coord.- (2008), González y Navarro (2010), Contreras y García (2011), Calderón (2012), López Chicharro y otros (2013), (González, Pablos y Navarro, 2014) y Anselmi (2015).

- **Efectos psico-sociales**
    - Mejora la participación en actividades, comunicación con los demás, la integración en grupos sociales, etc. Actitud de responsabilidad, integración y cooperación con los demás (Gómez, Puig y Maza, 2009).
    - Responsabilidad ante obligaciones con el grupo. Nos enseña a asumir normas y responsabilidades.
    - Nos enseña a aceptar y superar las derrotas.
    - Efectos antidepresivos.
    - Estimula el afán de trabajo en equipo.
    - Estimula la participación e iniciativa personal.
    - Mejora el equilibrio psíquico y aumenta la capacidad de abstracción.
    - Favorece la autoestima. Mejora la imagen corporal.
    - Disminución de las tensiones personales y estrés. Canaliza la agresividad.
    - Previene el insomnio y regula el sueño.

- **Efectos sobre el sistema cardiovascular**

    o Mejora la circulación coronaria, evitando la concentración de grasa en sus paredes. Previene la obesidad y enfermedades coronarias.
    o Mayor volumen cardiaco y menor frecuencia en reposo.
    o Menor incremento de la frecuencia mediante el ejercicio moderado.
    o Retorno más rápido de la frecuencia y de la presión sanguínea a la normalidad.
    o Mayor utilización del oxígeno de la sangre y tensión arterial más baja.

- **Efectos sobre el sistema respiratorio**

    o Los músculos respiratorios son más eficaces y mejora la difusión de los gases.
    o Aumenta el volumen respiratorio máximo por minuto y la capacidad vital.
    o Descenso en la frecuencia y un aumento en la profundidad respiratoria.

- **Efectos sobre el sistema nervioso**

    o Aumento de la capacidad **reguladora** del sistema vegetativo (vagotonía del entrenado), con economía en los procesos metabólicos.
    o Mejora la rapidez en la conducción de estímulos a través de las fibras motrices.
    o Se perfeccionan los mecanismos de producción de impulsos y la coordinación de movimientos.

- **Efectos sobre el aparato locomotor**

    o Modificaciones en las estructuras de los huesos e hipertrofia de las masas musculares.
    o El aumento del número de capilares y del tamaño de la fibra, va acompañado de un progreso importante de fuerza.

- **Efectos sobre la sangre**

    o Se crea un sistema estabilizador evitando la excesiva concentración de ácidos.

3.2. TEORÍAS QUE TRATAN DE EXPLICAR LOS FENÓMENOS DE ADAPTACIÓN

Antes de hablar de adaptación hay que hacerlo de la "**homeostasis**". Es la "*tendencia de los organismos vivos por mantener su medio ambiente interno equilibrado para sus células*" (Platonov, 2001).

En realidad, cuando un niño en un patio se **cansa**, se para y si, por ejemplo, está jugando al fútbol, se pone de portero, se va a beber agua, etc. En definitiva, se **autorregula**.

Es evidente que, en los últimos años, los logros deportivos han alcanzado cotas insospechadas y esto se debe, entre otros factores, a la aplicación de un entrenamiento más **sistemático** y eficaz (González y Navarro, 2010). Los avances de la medicina y el empleo de medios cada vez más sofisticados de análisis de datos, hacen que el entrenamiento se haya convertido en un proceso más científico (López Chicharro y otros, 2013).

No obstante, las leyes y los principios del entrenamiento son conocidos desde hace mucho tiempo: "*en el respeto a estas leyes y principios y en el talento deportivo reside básicamente el hecho*" (Platonov, 2001).

Consideramos fundamentales las de Selye (S.G.A.), P. de Supercompensación y la Ley de Arnold-Schultz -Ley del Umbral- (Legaz, 2012).

a) LEY DE SELYE O SÍNDROME GENERAL DE ADAPTACIÓN.

El fisiólogo Hans Selye, en sus investigaciones sobre el comportamiento del cuerpo, observó que ante una situación desequilibradora, que denominó estrés, el organismo reacciona mediante una serie de ajustes fisiológicos específicos para cada estímulo, con los que trata de oponerse al agente estresante y restablecer el equilibrio. Pero también observó que aunque los ajustes eran específicos, la forma en que se producen es inespecífica, es decir, siguen siempre la misma secuencia, sea cual sea el estímulo. Selye llamó a esta secuencia "**síndrome general de adaptación**" (Forteza y Ramírez, 2005).

La adaptación es una constante en la evolución del ser vivo y en las personas se produce de dos formas diferentes: **Inconsciente** o **Elemental** y **Consciente** o **Superior**.

En la **elemental**, el ser humano en contacto con el ambiente y en su evolución vital se adapta inconscientemente (aclimatación, crecimiento...) En la **superior**, la persona conscientemente propicia una adaptación en su organismo (ejercicio físico). En el siguiente croquis observamos el esquema gráfico (Guillén y Benítez, 2009).

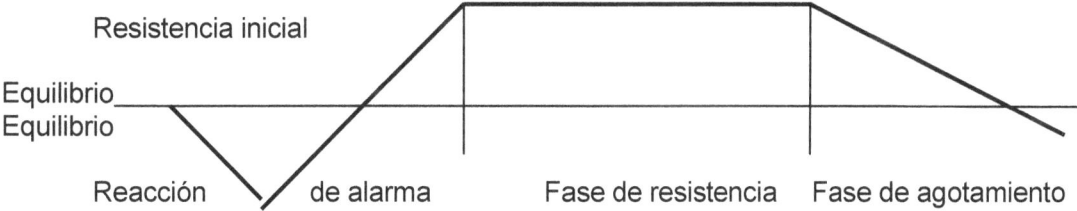

Fase 1ª. **Estado de alarma** (shock y contraschock o choque y contra choque). Tras una resistencia inicial, se rompe el equilibrio e inmediatamente se ponen en funcionamiento toda clase de ajustes (hormonales cardiovasculares, quimicomusculares...), para restablecer el equilibrio perdido.

Fase 2ª. **Estado de resistencia**. Conseguidos los ajustes, el organismo "aguanta" la acción del estímulo. La duración de esta fase depende del grado de entrenamiento que tenga el sujeto. Cuando el organismo se ve incapaz de reaccionar ante el sucesivo aumento del excitante, se pasa a la 3ª Fase.

Fase 3ª. **Estado de agotamiento**. El organismo ya no puede resistir más para mantenerse en equilibrio. Ahora hay dos vías: o descansa para recuperarse y volver a equilibrarse, o si continúa llegará a la extenuación con el peligro que conlleva (Piñeiro, 2006a).

b) PRINCIPIO DE LA SUPERCOMPENSACIÓN.

Cuando se realiza un esfuerzo, como consecuencia, se produce un desgaste físico. Al cesar o al realizar otro más suave, el organismo sano va restituyendo las fuentes de energía y el material perdido por la actividad, llegando un momento (hacia las veinticuatro o cuarenta y ocho horas, según los casos), que los niveles iniciales aumentan, es decir, no sólo recupera las energías perdidas durante el ejercicio, sino que **acumula** potenciales de trabajo superiores al nivel que se encontraba antes del mismo, por lo que puede aumentar su capacidad para responder a esfuerzos más intensos que los primeros. Es como si hubiesen llegado "refuerzos" (Piñeiro, 2006a). Esta supercompensación está presente, según los casos, uno o dos días, de tal forma que si no se vuelve a practicar, la supercompensación se retira y el organismo vuelve al nivel inicial. También se le conoce como el periodo de "**asimilación compensatoria**", autores rusos la llaman "**período de restauración ampliada**" y Mateiev, "**fase de exaltación**" (Martín y otros, 2001).

La eficacia del entrenamiento deportivo camina muy ligada a la **reposición** o **compensación** de energías perdidas durante el esfuerzo.

En el siguiente cuadro vemos un esquema de las fases de la supercompensación, donde 1 es la carga de entrenamiento y 2 la cúspide de supercompensación.

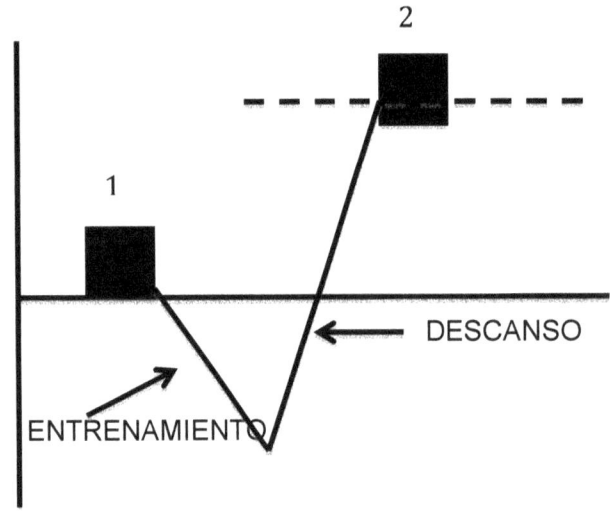

Este período de exaltación está muy ligado con la carga funcional, sabiendo además que los efectos que produce una determinada actividad física van desapareciendo poco a poco. Ozolin (1995), que es uno de los autores que más la estudian, opina que la supercompensación obtenida después de una sesión de entrenamiento se **mantiene** a lo sumo **tres días**.

De esta secuencia biológica podemos deducir las dos principales normas para entrenar correctamente:

- Tan importante es el trabajo como el descanso.
- Hay que ser oportunos al aplicar los esfuerzos. El desgaste y "supercompensación" posterior son proporcionales al estímulo.

Los procesos de adaptación se rigen por el concepto del **heterocronismo** ya que el evolución de la supercompensación presenta una **variabilidad** individual muy importante y un comportamiento muy diferenciado en los diferentes órganos y funciones (Guillen y Benítez, 2009).

c) LEY DE SCHULTZ-ARNOLT O DEL UMBRAL

Nos dice que cada persona tiene distinto nivel de excitación ante un estímulo ("Umbral de Excitación") y para que se produzca adaptación, éste debe poseer una determinada intensidad en función de la capacidad de aguante y reacción del organismo. El "suelo" representa el nivel mínimo y el "techo" el máximo (Piñeiro, 2006a). Así pues, la adaptación funcional se logra como consecuencia de la asimilación de estímulos crecientes.

Clasifica los estímulos en cuatro grados: débiles, medios, altos y muy altos, que variarán en su nivel absoluto según sea la edad, sexo y estado físico del sujeto. Los que están por debajo del suelo o débiles no inciden en la mejora orgánica; los medios y altos, que están en el Umbral, son los ideales. En cambio, los que sobrepasan el techo, pueden llegar a fatigar peligrosamente.

Esta clasificación es relativa, pues la velocidad y la reiteración de los estímulos, pueden cambiar el nivel de valoración, convirtiendo un estímulo débil en medio, un medio en alto, un alto en muy alto y viceversa (Martín y otros, 2001).

Podemos observarlo en el siguiente cuadro:

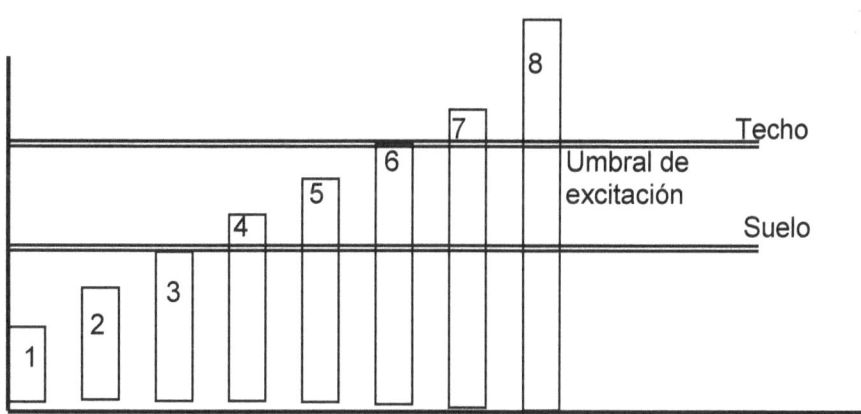

- Los estímulos débiles 1, 2, 3, no entrenan, salvo que se reiteren adecuadamente en el tiempo, pudiendo en este caso llegar a entrenar.

- Los estímulos 4, 5, 6, están dentro de la zona del Umbral y por tanto entrenan.

- Los estímulos 7 y 8 están fuera del límite de tolerancia y son perjudiciales. La administración inadecuada de estímulos altos puede exceder el techo del Umbral ocasionando el agotamiento.

CONCLUSIONES

El Tema ha tratado sobre el desarrollo de las capacidades físicas básicas a lo largo de la edad escolar, aunque nos hemos centrado en Primaria. El R. D. 126/2014 incide en el binomio condición física/salud, de ahí que los trabajos deben ser globales, básicos, saludables y como factor de ejecución de la habilidad motriz. Hay que tener en cuenta los tres tiempos pedagógicos, sobre todo en niñas y niños con hiperactividad. Ya al final de la Etapa pueden hacerse trabajos algo más concretos. Es importante crear hábitos saludables para que cuando nuestro alumnado haga actividad física en su tiempo libre no se lesione. En el punto de la adaptación al esfuerzo hemos visto la importancia de ir poco a poco, progresando en el volumen e intensidad del juego motor, no forzar al alumnado y distribuir los esfuerzos a lo largo de la semana.

BIBLIOGRAFÍA

- ALVAREZ DEL VILLAR, C. (1986). *La preparación física del fútbol basada en el atletismo.* Gymnos. Madrid.
- ANSELMI, H. (2015). Preparación física: teoría y práctica. Kinesis. Armenia (Colombia).
- AVELLA, R.; MALDONADO, C.; RAM, S. (2015). *Entrenamiento deportivo con niños.* Kinesis. Armenia (Colombia).
- ARRÁEZ, J. M.; LÓPEZ, J. M.; ORTIZ, Mª M. y TORRES, J. (1995). *Aspectos básicos de la Educación Física en Primaria. Manual para el Maestro.* Wanceulen. Sevilla.
- BARBANY, J. R. (2002). *Fisiología del ejercicio físico y del entrenamiento.* Paidotribo. Barcelona.
- BERNAL, J. A. (coord.) (2008). *El calentamiento y la adaptación del organismo al esfuerzo.* Wanceulen. Sevilla.
- BOMPA, T. (2004). "*Periodización del entrenamiento deportivo*". Paidotribo. Barcelona.
- CALDERÓN, F. J. (2012). *Fisiología humana. Aplicación a la actividad física.* Panamericana. Madrid.
- CAÑIZARES, J. Mª. (2004). *Entrenamiento Deportivo.* En VV. AA. *Técnico deportivo de Fútbol. Bloque Común. Nivel 1.* C.E.D.I.F.A. Sevilla.
- CAÑIZARES, J. Mª y CARBONERO, C. (2007). *Temario de oposiciones de Educación Física para Primaria.* Wanceulen. Sevilla.
- CUADRADO, G.; PABLOS, C.; GARCÍA, J. (2006). *Aspectos metodológicos y fisiológicos del trabajo de hipertrofia muscular.* Wanceulen. Sevilla.
- CASTAÑER, M. y CAMERINO, O. (2001). *La educación física en la enseñanza primaria.* INDE. Barcelona.
- CONTRERAS, O. R. y GARCÍA, L. M. (2011). *Didáctica de la Educación Física. Enseñanza de los contenidos desde el constructivismo.* Síntesis. Madrid.
- DELGADO, M. y TERCEDOR, P. (2002). *Estrategias de intervención en educación para la salud desde la Educación Física.* INDE. Barcelona.
- EDWARDS, S. (1996). *Corazón inteligente.* Dorleta S.A. Madrid.
- FORTEZA, A. y RAMÍREZ, E. (2005). *Teoría, metodología y planificación del entrenamiento deportivo.* Wanceulen. Sevilla.
- GARROTE, N. y LEGIDO, J. C. (2005). *Actividad física-educación física-salud.* En GUILLÉN, M. (coord.) *El ejercicio físico como alternativa terapéutica para la salud.* Wanceulen. Sevilla
- GENERELO, E. y TIERZ, P. (1994). *Cualidades físicas.* Imagen y Deporte. Zaragoza.
- GENERELO, E. y LAPETRA, S. (1993). *Las cualidades físicas básicas: análisis y evolución.* En VV. AA. *Fundamentos de Educación Física para Enseñanza Primaria.* INDE. Barcelona.
- GÓMEZ, C.; PUIG, N. y MAZA, G. (2009). *Deporte e integración social.* INDE. Barcelona.
- GÓMEZ MORA, J. (2003). *Fundamentos biológicos del ejercicio físico.* Wanceulen. Sevilla.

- GÓMEZ MORA, J. (2008). *Bases del Acondicionamiento Físico*. Wanceulen. Sevilla.
- GONZÁLEZ RAVÉ, J. Mª Y NAVARRO, F. (2010). *Fundamentos del entrenamiento deportivo*. Wanceulen. Sevilla.
- GONZÁLEZ, J. Mª; PABLOS, C.; NAVARRO, F. (2014). *Entrenamiento Deportivo. Teoría y práctica*. Panamericana. Madrid.
- GUILLÉN, M. y BENITEZ, J. D. (2009). *Principios del entrenamiento deportivo*. En GUILLÉN, M. y ARIZA. L. *Las Ciencias de la Actividad Física y el Deporte como fundamento para la práctica deportiva*. U. de Córdoba.
- GUZMÁN, L. A. (2013). *Entrenamiento Deportivo: La Carga*. Kinesis. Armenia (Colombia).
- HERNÁNDEZ, J. L. y VELÁZQUEZ, R. (2004). *La evaluación en Educación Física*. Graó. Barcelona.
- JUNTA DE ANDALUCÍA (2007). *Ley 17/2007, de 10 de diciembre, de Educación en Andalucía*. (L. E. A.) B.O.J.A. nº 252, de 26/12/2007.
- JUNTA DE ANDALUCÍA (2010). *Decreto 328/2010, por el que se aprueba el Reglamento Orgánico de las escuelas infantiles de segundo grado, de los colegios de educación infantil y primaria, de los colegios de educación primaria, y de los centros públicos específicos de educación especial*. BOJA nº 139, de 16/07/2010.
- JUNTA DE ANDALUCÍA (2015). *Decreto 97/2015, de 3 de marzo, por el que se establece la ordenación y el currículo de la educación Primaria en la comunidad Autónoma de Andalucía*. BOJA nº 50 de 13/03/2015.
- JUNTA DE ANDALUCÍA (2015). *Orden de 17 de marzo de 2015, por la que se desarrolla el currículo correspondiente a la educación Primaria en Andalucía*. BOJA nº 60 de 27/03/2015.
- JUNTA DE ANDALUCÍA (2015). *Orden de 04 de noviembre de 2015, por la que se establece la ordenación de la evaluación del proceso de aprendizaje del alumnado de educación primaria en la Comunidad Autónoma de Andalucía*. B.O.J.A. nº 230, de 26/11/2015.
- LEGAZ, A. (2012). *Manual de entrenamiento deportivo*. Paidotribo. Barcelona.
- LEÓN, J. A. (2006). *Teoría y Práctica del Entrenamiento. Deportivo. Nivel 1 y 2*. Wanceulen. Sevilla.
- LÓPEZ CHICHARRO, J. y otros (2013). *Fisiología del Entrenamiento Aeróbico*. Panamericana. Madrid.
- LOS SANTOS, C. (2004). *Preparación física: teoría, aplicaciones y metodología práctica*. Wanceulen. Sevilla.
- LLORET, M. (2003). *Anatomía aplicada a la actividad física y deportiva*. Paidotribo. Barcelona.
- MARTÍN, D.; CARL, K. y LEHNERTZ, K. (2001). *Manual de metodología del entrenamiento deportivo*. Paidotribo. Barcelona.
- MAYNAR, M. y MAYNAR, J. I. -Coords.- (2008). *Fisiología aplicada a los deportes*. Wanceulen. Sevilla.
- M. E. C. (2006). *Ley Orgánica de Educación (L.O.E.) 2/2006, de 3 de mayo, de Educación*. B. O. E. nº 106, de 04/05/2006, modificada en determinados artículos por la LOMCE/2013.
- M. E. C. (2013). *Ley Orgánica 8/2013, de 9 de diciembre, para la mejora de la calidad educativa. (LOMCE)*. B. O. E. nº 295, de 10/12/2013.
- M. E. C. (2014). *Real Decreto 126/2014, de 28 de febrero, por el que se establece el currículo básico de la Educación Primaria*. B. O. E. nº 52, de 01/03/2014.
- M.E.C. (2015). *Orden ECD/65/2015, de 21 de enero, por la que se describen las relaciones entre las competencias, los contenidos y los criterios de evaluación de la educación primaria, la educación secundaria obligatoria y el bachillerato*. B.O.E. nº 25, de 29/01/2015.

- MIRELLA, R. (2002). *Nuevas metodologías del entrenamiento de la fuerza, la resistencia, la velocidad y la flexibilidad*. Paidotribo. Barcelona.
- MORENTE, A. (2005). *Ejercicio físico en niños y jóvenes: programas de actividad física según niveles de condición biológica*. En GUILLÉN, M. -coord.- *El ejercicio físico como alternativa terapéutica para la salud*. Wanceulen. Sevilla.
- NARANJO, J. y CENTENO, R. (2000). *Bases fisiológicas del entrenamiento deportivo*. Wanceulen. Sevilla.
- NAVARRO, V. (2007). *Tendencias actuales de la Educación Física en España. Razones para un cambio*. (1ª y 2ª parte). Revista electrónica INDEREF. Editorial INDE. Barcelona. http://www.inderef.com
- OZOLIN, N. G. (1995). *Sistema contemporáneo de entrenamiento deportivo*. Científico - Técnica. La Habana.
- PERAL, C. (2009). *Fundamentos teóricos de las capacidades físicas*. Visión Libros. Madrid.
- PÉREZ TURPIN, J. A. (2012) *Bases del análisis del rendimiento deportivo*. Wanceulen. Sevilla
- PIÑEIRO, R. (2006a). *La fuerza y el sistema muscular*. Wanceulen. Sevilla.
- PIÑEIRO, R. (2006b). *La resistencia y el sistema cardiorrespiratorio*. Wanceulen. Sevilla.
- PIÑEIRO, R. (2007). *La velocidad y el sistema nervioso*. Wanceulen. Sevilla.
- PLATONOV, V. (2001). *La preparación física*. Paidotribo. Barcelona.
- REINA, L. y MARTÍNEZ, V. (2003). *Manual de Teoría y Práctica de Entrenamiento Deportivo*. CV Ciencias del Deporte. Madrid.
- ROSILLO, S. (2010). *Cualidades físicas. Plan educativo de hábitos de vida saludable en la educación*. Procompal. Almería.
- STUMPP, U. (2002). *Adquirir una buena condición física jugando*. Paidotribo. Barcelona.
- TORRES, M. A. (2005). *Enciclopedia de la Educación Física y el Deporte*. Ediciones del Serbal. Barcelona.

WEBGRAFÍA (Consulta en octubre de 2015).
http://recursos.cnice.mec.es/edfisica/
http://www.ite.educacion.es/es/recursos
http://www.educarm.es/admin/recursosEducativos#nogo
http://www.gobiernodecanarias.org/educacion/webdgoie/
http://www.educa2.madrid.org/educamadrid/servicios
http://www.educa.jccm.es/educa-jccm/cm/recursos
http://www.adideandalucia.es
http://recursostic.educacion.es/primaria/ludos/web/index.html
www.juntadeandalucia.es/educacion/descargasrecursos

www.ingramcontent.com/pod-product-compliance
Lightning Source LLC
Chambersburg PA
CBHW080256170426
43192CB00014BA/2699